Marcus Damm

Sei du selbst!

HERDER spektrum

Band 6101

Das Buch

Die tiefe Sehnsucht nach dem eigentlichen, eigenen Leben wird jeder Mensch an einem bestimmten Punkt seines Lebens deutlich spüren. In diesem Buch erfährt der Leser von einem kundigen Fachmann, dass er sich selbst die meisten Begrenzungen schafft, und dass jeder sehr viel mehr Spielraum zur Entfaltung eines authentischen und glücklichen Lebens hat, wenn er diese Begrenzungen erkennt und aus dem Weg räumt. Doch wie kann er diese Erkenntnis für sein Leben nutzbar machen? Aus der Sicht der Tiefenpsychologie, der Neurowissenschaften und Sozialpsychologie wirft der Autor einen Blick auf die unbewussten Hintergründe und Wirkzusammenhänge bei den selbstbegrenzenden Gewohnheiten und Verhaltensmustern. Selbstschädigende Lebensentwürfe werden entschlüsselt und hinterfragt, bis sich für den Leser die entscheidende Frage klärt: was will ich eigentlich? Er bekommt Angebote und Hilfen, sich von altem Ballast zu befreien und buchstäblich nach den Sternen zu greifen. Er lernt, echtes Selbstvertrauen zu entwickeln, die Schatten der Vergangenheit zu überwinden, Alltagsmasken abzulegen, Manipulationen zu durchschauen und ihnen zu entgehen, ehrlich zu sich selbst zu sein und offen auf andere zuzugehen. Dadurch wird er mutiger, sich neue Ziele zuzutrauen und gelassen aber beharrlich an ihrer Realisierung zu arbeiten. – Ein Buch, das dabei hilft, das Tor zum Glück weit aufzustoßen.

Der Autor

Marcus Damm, Jahrgang 1974, Erziehungswissenschaftler und Autor mehrerer Bücher zu psychotherapeutischen Themen (Verlag Junfermann). Bei Herder Spektrum: »Frei von Ängsten. Sich neuen Lebensmöglichkeiten öffnen«, Band 5836; »Nervensägen – und wie man mit ihnen klarkommt«, Band 5931.

Marcus Damm

Sei du selbst!

Es ist dein Leben

HERDER

FREIBURG · BASEL · WIEN

www.herder.de

Umschlagkonzeption und -gestaltung:
Agentur R·M·E Eschlbeck/Hanel/Gober
Umschlagmotiv: © MIR – Fotolia.com

Layoutkonzept: tiff.any GmbH, Berlin
Satz: tiff.any GmbH, Berlin
Herstellung: fgb · freiburger graphische betriebe
www.fgb.de

Gesetzt aus der Linotype Janson Text Standard
Gedruckt auf umweltfreundlichem, chlorfrei gebleichtem Papier
Printed in Germany

ISBN 978-3-451-06101-1

Inhalt

Einleitung – Warum wir uns selbst im Weg stehen und nichts davon merken 7

Innere Grenzen lösen 13
Der lange Schatten der Vergangenheit – unbewusste Glücksbremsen 13
Warum im Allgemeinen wenig Selbsterkenntnis stattfinden kann 17
Glücksbremsensuche – Unbewusstes bewusst machen . 18
Schüchternheit. 19
Liebesstil 25
Persönlichkeitsstil 28
Umgang mit Stress 33
Ein Erbe mit zwei Seiten. 34
Selbstbild – Selbstbilder 40
Die eigenen Teammitglieder kennenlernen 43
Seien Sie der Teamchef! 46
Alltagskommunikation 48
Erworbene Vorurteile. 52

Authentisch sein 59
Die Suche nach dem Ich? 60
Schluss mit den Manipulationen! 66
Mitmenschen richtig einschätzen – Wahrnehmungsfehler erkennen 73
Halo-Effekt – »Wer schön ist, der ist auch gut« 74
Rosenthal-Effekt – »Sei so, wie ich es von dir erwarte« 76

Soziale Rolle – »Ein Doktor wohnt in einer Studentenbude?« 78
Ähnlichkeitsfehler – »Du bist ein Typ wie ich« 80
Sich selbst und andere durchschauen – Abwehrmechanismen bemerken und reduzieren 83
Verdrängung – »Was nicht sein darf, kann nicht sein« 87
Projektion – »Wenn man sich selbst in anderen sieht!« 91
Rationalisierung – »Was nicht passt, wird passend gemacht« 95
Reaktionsbildung – »Vorne hui – hinten pfui« 99
Verlagerung – »Lass es doch nicht immer an mir aus!« . 103
Identifizierung – »Du bist genau wie dein Vater!« 109

Glücklicher leben 113
Säulen des Glücks 116
Negative Erfahrungen – »Was uns nicht umbringt, macht uns stärker!« 116
Interesse macht lebendig 120
Aufregendes und Neues erleben – Flow-Erfahrungen machen 123
Entschleunigen Sie Ihren Alltag 126
Soziale Beziehungen 130
Altruismus – »Verletze niemanden, vielmehr hilf allen, soweit du kannst« 136
Selbstwert – »Yes – I can!« 139

Resümee und Ausblick 147

Literatur 153

Einleitung – Warum wir uns selbst im Weg stehen und nichts davon merken

Die meisten Menschen wollen glücklich sein. Wahrscheinlich ist das Streben nach Glück so alt wie die Menschheit selbst. Ein aktueller Beleg für die kollektive Glückssuche ist das allgemeine Interesse an Lebenskunstliteratur und Glücksratgebern. »Der Glücksladen brummt«, konstatiert der Journalist Mathias Schreiber (2009, 40). Sicher hat der gegenwärtige Glücksboom auch damit zu tun, dass wir in einer Zeit leben, die zunehmend komplexer wird, genauer gesagt, die mehr und mehr von Stress, Flexibilität, Werteverlust, beruflicher Überlastung, Tempo und Globalisierungsdruck geprägt ist.

Dass es bei der Glückssuche aber häufig hakt, ist ebenfalls offenkundig. Es gibt natürlich keine eindeutige Vorstellung davon, was Glück für den Einzelnen *genau* bedeutet. Menschen sind einfach viel zu unterschiedlich. Außerdem hängt Glück sehr stark vom persönlichen Wertesystem ab. Das kann skurrile Blüten treiben. Manche Reiche z. B. sind trotz ihrer Besitztümer notorisch schlecht gelaunt, sie fühlen sich immer noch nicht reich und angesehen genug. Ähnliches gilt für diverse Karrieretypen, die auf der politischen und/oder wirtschaftlichen Bühne zwanghaft nach unten treten und nach oben buckeln müssen, um *noch* erfolgreicher zu werden. Auf der anderen Seite dürfte es einige Harz-IV-Empfänger geben, die entgegen dem Klischee tatsächlich zufrieden sind. Und bekanntlich leben auch in den armen Regionen unseres Planeten heitere Menschen. *Subjektives* Glück ist eine komplexe Sache.

Was hingegen *im Allgemeinen* glücklich bzw. unglücklich macht – darüber lässt sich viel sagen. Und darum geht es hier: um mehr Orientierung bei der Glückssuche. Wir werden außerdem ausführlich davon sprechen, wie man sogenannte innerpsychische Glücksbremsen lösen und bisher ungenutzte Potenziale besser nutzen kann. Dabei beziehen wir uns auf Erkenntnisse der Tiefenpsychologie, Hirnforschung, Sozialpsychologie und auf einige Schlussfolgerungen der Positiven Psychologie; philosophische Einsichten dürfen bei diesem Thema natürlich ebenso wenig fehlen.

Eigentlich handelt es sich um eine psychologische Binsenweisheit: *Die größte Glücksbremse sind wir selbst*! Aber das ist streng genommen nicht unsere Schuld, wie wir später noch sehen werden. Trotz dieser »teilweisen Verantwortungslosigkeit« sind alleine *wir* es, die nunmehr mittels Selbsterziehung aktiv werden müssen, um innere Blockaden abzubauen und irrationales Denken aufzugeben.

Wieso wir unserem Glück auf die Sprünge helfen müssen

Gehen wir das Unternehmen »Glücksbremsensuche« nicht an, bleiben wir zeitlebens den kleinen und größeren persönlichen Unglücken, die jeder kennt, ausgeliefert. Denn wir haben daran einen größeren Anteil, als wir gewöhnlich glauben. Es ist wirklich sagenhaft, wie oft wir uns und anderen wie selbstverständlich das Dasein vermiesen. Hier einige Beispiele zur Verdeutlichung:

(a) wenn wir mal schlecht »drauf« sind, stecken wir auch die Umwelt mit unserem Unmut an (und merken unsere nachteilige Stimmung natürlich erst als Letzter, wenn überhaupt);

(b) persönliche Niederlagen werden meistens wegrationalisiert, anders gesagt, in eigentümlichen Gedankenspielen und Gesprächen mit anderen großzügig »zurechtgebogen«, sodass sie das Selbstwertgefühl nicht mehr belasten (glücklicher werden wir dadurch insgeheim aber gewiss nicht);

(c) wir neigen außerdem zur Selbsttäuschung, indem wir manchmal unliebsame Schattenseiten unserer Persönlichkeit eher an den Anderen sehen und dort angreifen, anstatt an uns selbst zu arbeiten.

Die Folge dieser kleinen Tricks und Fehlwahrnehmungen ist nichts anderes als unglücklich machende Selbst- und Fremdtäuschung. Selbst- und Fremd*erkenntnis* gehören daher unabdingbar zur Glückssuche.

Glücksbremsen – soweit das Auge reicht

Tatsächlich kennen viele Menschen ihre eigene Persönlichkeit nicht wirklich (s.u.), und daher sehen sie auch nicht den eigenen Anteil an Konflikten und sonstigen Glücksbremsen. *Der Andere ist schließlich für Unstimmigkeiten verantwortlich bzw. für die äußeren Umstände.* Oft erleben wir dieselben Reibereien mit unseren Liebsten und merken nicht, dass *wir selbst* sie, zumeist aus biografischen Gründen, immer wieder neu inszenieren. Frei nach dem Prinzip einer »sich selbst erfüllende Prophezeiung«. Hinzu kommt – eine weitere Glücksbremse –, dass wir uns unzutreffende Urteile über andere bilden, und zwar schon beim ersten Blickkontakt; warum das so ist, sehen wir später. An diesen Meinungen halten wir meistens auch noch fest! Die Mehrheit neigt zum allseits bekannten Schubladendenken, das unwillkürlicher Sympathie oder Antipathie Tür und Tor öffnet. – Glück im Alltag ist nicht nur deshalb ein Zufallsprodukt.

Auch ist nicht in jeder Beziehung von der Hand zu weisen, dass wir unseren Mitmenschen gewöhnlich viel zu viel Macht über unser Wohlbefinden, ja sogar über unseren Selbstwert einräumen. Sicherlich mehr als einmal am Tag machen wir uns abhängig von deren Bereitschaft, uns Anerkennung entgegenzubringen. Bleibt diese aber mal aus, fühlen wir uns schlecht, genauer gesagt: *unglücklich*. Dann fragen manche auch noch überflüssigerweise: »Was habe *ich* nur falsch gemacht?«

Und weiter: Zahlreiche Menschen meinen, ebenfalls wieder aus biografischen Gründen, sie müssten es allen recht machen. Diese Absicht führt nun ganz offensichtlich ins Unglück. Denn:

Wie sollte das möglich sein? Wir stecken doch täglich in Rollenkonflikten, in denen wir verschiedene Erwartungen ausbalancieren und den einen oder anderen Mitmenschen vernachlässigen *müssen*. Das funktioniert aber meist nur mithilfe eines starken Selbstwertgefühls. Auf der anderen Seite geht man letztlich in seinen Pflichten unter, wenn die Perfektionismusfalle irgendwann zugeschnappt ist.

Was uns ebenfalls zu schaffen macht, ist die allgemeine Furcht vor Zurückweisung, sollten wir mal »unser Ding« durchziehen wollen. Daher tendieren viele Selbstzweifler zur übertriebenen Anpassung an die Umstände. Und wieder klopft das Unglück an. Die Gewohnheit, mit dem Strom zu schwimmen, blockiert nützliche Energien, Aufmerksamkeit und, viel bedenklicher, führt zum Verrat an der eigenen Persönlichkeit. Was wir oft nicht sehen wollen: Es ist unmöglich, dass alle Mitmenschen in der Umgebung eine positive Meinung von uns haben. Ja, wir sind sogar unfreiwilligerweise auch mal der Sündenbock für andere, weil jene ihre innerpsychischen Konflikte an uns austragen – und das ist nur *ein* Grund für Unstimmigkeiten. Wobei noch zu bedenken ist: Aversion gegen uns sagt meistens etwas über denjenigen aus, der sie uns entgegenbringt; auch dazu später mehr.

Das bisherige Fazit lautet: Glück hat sehr viel mit der Selbst- und Fremdwahrnehmung zu tun.

In drei Schritten zu mehr Glück

Selbsterkenntnis ist also der erste Schritt zur Lebenskunst. Daher werden wir im 1. Teil das Thema »Innere Grenzen lösen« aufgreifen. An dortiger Stelle geht es um weit verbreitete Glücksbremsen, die überwiegend unbewusst walten und schalten und so dafür sorgen, dass wir einerseits zahlreiche Potenziale nicht entfalten können und andererseits unliebsame

Alltagssituationen heraufbeschwören, die unglücklich machen, weil sie negativen Stress provozieren. Natürlich werden auch Vorgehensweisen empfohlen, wie man die Dinge etappenweise zum Guten hin verändern kann.

Der 2. Teil hat den Titel »Authentisch sein«. Wie wir sehen werden, müssen wir Objektivität und Ehrlichkeit uns selbst und anderen gegenüber erst lernen. Reduktion der Selbst- und Fremdtäuschung, ein weiterer Baustein des Glücks, wird ebenfalls besprochen.

Schließlich thematisiert der 3. Teil das Thema Glück an sich. Eine Zusammenfassung der wichtigsten Erkenntnisse aus der neurowissenschaftlichen und tiefenpsychologischen Forschung und der Positiven Psychologie wird Ihnen hilfreich bei der weiteren Suche nach dem eigenen Glück sein. Es geht u.a. um Selbstachtung, die Bedeutung von gelingenden sozialen Beziehungen und um *Flow*.

Danksagung

Ich bedanke mich bei meinen Klienten, deren Erlebnisse ich hier unter Wahrung der Anonymität darlegen durfte. Mein Dank geht auch an meine Frau Astrid, die sich dazu bereit erklärte, noch im 9. Schwangerschaftsmonat am Skript mitzuwirken. Letztlich geht mein Dank auch erneut an Herrn Raab vom Herder Verlag; wie gewohnt verlief die Zusammenarbeit professionell und konstruktiv.

Nun denn: Viel Spaß beim Lesen, Reflektieren und Handeln!

Worms, im Frühjahr 2010
Dr. Marcus Damm
www.marcus-damm.de

Kontakt
Höhenstr. 56
67550 Worms
E-Mail: info@marcus-damm.de

Innere Grenzen lösen

Menschen tun in der Regel das, was die in ihrer Persönlichkeit verankerten unbewussten Motive und bewussten Ziele ihnen vorgeben.

Gerhard Roth

Es sind nicht die Dinge, die uns beunruhigen,
sondern die Meinungen, die wir von den Dingen haben.

Epiktet

Der lange Schatten der Vergangenheit – unbewusste Glücksbremsen

Unsere Persönlichkeitsstruktur mit all ihren Facetten und vor allem Schattenseiten hat maßgeblich damit zu tun, ob wir im Allgemeinen zufrieden sind und ob wir Glücksempfindungen überhaupt zulassen. Das wird oft übersehen, ja manchen Menschen kommt diese Tatsache nie in den Sinn. Nicht wenige sind der Meinung, dass man durch *äußere* glückliche Lebensumstände eben auch beständig zufrieden, wenn nicht sogar glücklich würde: Der nächste Strandurlaub, der neue Partner, der ersehnte Flitzer in der Garage – all so was öffnet dem Glück *endlich* die Tür. Meint man.

Unglück ist oft hausgemacht

Doch so ist es nicht. Das eigentlich Entscheidende ist die Art und Weise, wie wir die Welt, uns selbst und unser Leben betrachten, bewusst und vor allem unbewusst. Viele Urlauber langweilen sich letztlich (trotz monatelanger Vorfreude) am Strand, weil sie nicht wissen, wie man richtig entspannt; zahlreiche unglückliche Singles verschleißen aufgrund ihres (unbewussten) ambivalenten Bindungsstils einen Partner nach dem anderen; und der Reiz des neuen Wagens verblasst in Kürze, weil der Besitzer bereits, seiner narzisstischen Ader wegen, auf das (noch exklusivere) Nachfolgemodell sparen »muss«. So mancher Pessimist ist am Boden zerstört, weil Pessimismus in seiner grundlegenden Sicht der Dinge liegt, was er selbst nicht merkt und wovon er auch nichts weiß. Selbst ein unerwarteter Lottogewinn würde in Zeiten einer depressiven Verstimmung nicht viel Positives bei ihm auslösen. Er passt eine unerwartete, neuartige Situation seiner konstant-negativen Sicht an. Aber auch wir »Normalos« pressen die soziale Umwelt in bestimmte Schubladen, wie wir noch sehen werden.

Die Quintessenz: Auf die *eigene* Wirklichkeitswahrnehmung kommt es an! Eine ähnliche Meinung zur Bedeutung von innerpsychischen Prozessen für die Lebensphilosophie des Einzelnen vertrat schon EPIKTET (50–138 n. Chr.). Sie kennen sicher seine bekannte Einsicht: »Es sind nicht die Dinge, die uns beunruhigen, sondern die Meinungen, die wir von den Dingen haben.« Die Erkenntnisse der Neurowissenschaften der letzten Jahre geben dem antiken Philosophen Recht: »Je nach Gemütsverfassung leben wir in einer rosarot oder grau grundierten Welt«, resümiert der Wissenschaftsjournalist STEFAN KLEIN (2005, 62).

Nun könnte man sinnvollerweise fragen: Woher haben wir unsere Meinungen von den Dingen? Schließlich kommen wir nicht mit vorgefertigten Selbst- und Fremdbildern auf die Welt. Oder: Wann ist unsere »subjektive Brille«, durch die wir uns selbst, unsere Beziehungen, ja unser Leben insgesamt sehen, entstanden?

Glücksbremsen sind so gut wie immer in der Kindheit antrainiert worden – oder durch bestimmte Erlebnisse mit wichtigen Personen, die sich oft wiederholt haben, entstanden

Nach aktuellen neurowissenschaftlichen Erkenntnissen (Roth 2007) entstehen die Grundlagen unserer Persönlichkeit – d.h. individuelle Denk- und Verhaltensmuster, die uns ausmachen – am Anfang unserer Entwicklung. Stark vereinfacht ausgedrückt: Infolge des Wechselspiels zwischen angeborenem Temperament und Umwelteinflüssen reift unsere Individualität in der frühen Kindheit heran. Manche Hirnforscher sagen: die ersten sechs Lebensjahre sind *entscheidend.*

Vieles spricht dafür. Hier einige interessante Fakten: Die Charakterbildung beginnt streng genommen bereits *vor* der Geburt. Schon im Bauch der Mutter prasseln zahllose Reize auf den Embryo ein, die bereits ihre Spuren im sogenannten »emotionalen Gehirn« (limbisches System) hinterlassen. Dieses Areal existiert bereits ab der 6. Schwangerschaftswoche. Die Großhirnrinde, die u.a. für das Bewusstsein selbst sowie für rationale (Planungs-)Prozesse und das »abrufbare Gedächtnis« verantwortlich ist, entwickelt sich erst viele Monate später.

Lange vor der Entstehung des Ich-Bewusstseins ist schon viel »erlernt«, und zwar *gefühls*mäßig. Abgespeichert werden emotionale, d.h. traurige, erfreuliche bzw. belastende Erlebnisse im limbischen System. Und das bedeutet: zeitlebens beeinflusst unser emotionales Gehirn unsere Alltagswahrnehmung sowie den Lebensstil an sich (s.u.).

Besonders interessant: traumatische Ereignisse in der vor- und nachgeburtlichen Phase können bereits Einfluss auf das spätere Leben nehmen, weil dadurch das emotionale Gehirn nachteilig und vor allem nach*haltig* programmiert wird. Selbstschädigende Verhaltensweisen, irrationale Ängste (Damm 2007), Persönlichkeitsstörungen (Damm 2009) oder andere Neurosen stehen daher nicht zufällig in Zusammenhang mit belastenden Ereignissen von früher (Renz 2008).

Wir müssen also die Möglichkeit in Betracht ziehen, dass diejenigen Hirnareale, die im Alltag für bewusste und unbewusste Selbst- und Fremdzuschreibungen zuständig sind, im Laufe der Kindheit und Jugend mit nachteiligen Glücksbremsen »gefüllt wurden« (was in Bezug auf die Betreuungspersonen völlig unbeabsichtigt oder sogar zufällig passieren kann).

Im Erwachsenenalter offenbaren sich Glücksbremsen schlussendlich als kognitive (gedankliche) und emotionale Hemmschuhe im Alltag. Einige Beispiele hierfür sind:

> *Irrsinnige Meinungen* (»Ich darf nie anecken«, »Wenn es Konflikte gibt, bin ich schuld«, »Alle anderen wollen mir was Böses«, »Ich bin etwas ganz Besonderes«),
> *infantile Verbote* (»Ich sollte nicht den Mund aufmachen, bevor ich etwas gefragt werde!«),
> *nachteilige Kommunikationsmuster*, die nicht die eigenen Gefühle und Bedürfnisse widerspiegeln (statt: »Ich habe Angst dich zu verlieren« sagt man automatisch etwa: »Du gehst fremd!«),
> *Selbstblockaden aller Art* (etwa: sich nichts gönnen können),
> *infantile Geizregungen*,
> *Ängste*, z. B. vor Vorgesetzten,
> *unangebrachte Gewissensbisse* bei Konflikten (inklusive dem vorauseilenden Reflex »Was habe ich denn jetzt schon wieder falsch gemacht?«),
> *Perfektionismusbestrebungen*.

Solche Programmierungen können unsere sämtlichen sozialen Beziehungen und unser Verhältnis zu uns selbst erfolgreich sabotieren.

Warum im Allgemeinen wenig Selbsterkenntnis stattfinden kann

Wir dürfen den großen Einfluss von unbewusst wirkenden Glücksbremsen auf unser psychisches Erleben und alltägliches Handeln im Hier und Jetzt nicht übersehen. Denn: Diejenigen Hirnregionen, die für die meisten Glücksbremsen verantwortlich sind, entstanden lange vor denjenigen Arealen, die das Ich-Bewusstsein, Reflexions- und etwa Sprachkompetenz ermöglichen.

Daraus ergibt sich das Problem: Die ersten beiden Lebensjahre, in denen schon viele Eindrücke vom Gehirn abgespeichert werden, können rückblickend aus Sicht des Erwachsenen sprachlich gar nicht beschrieben werden; sie bleiben deshalb unbewusst, weil wir in dieser Zeit noch gar nicht ausreichend (sinnzusammenhängend) sprechen *können*. Aber es gibt einen anderen Zugang; später mehr davon.

Manchem mag es missfallen: Zu einem großen Teil drücken unbewusste Prägungen und innere Prozesse unserem Lebensstil ihren Stempel auf. Unser Denken und Verhalten wird oft von unerkannten inneren Zusammenhängen bestimmt. Das oben schon erwähnte emotionale Gehirn beispielsweise spricht seine frühkindliche Prägung, anders gesagt, seinen »kindlichen Charakter« bei jeder sich bietenden Gelegenheit in der Gegenwart aus. Es färbt auch unbewusst unser Dasein auf Schritt und Tritt emotional ein, indem es (neue) Alltagssituationen mit *alt*bekannten Konstellationen vergleicht – und, für uns nicht erkennbar, »Gefühle von damals« produziert. Alltagserlebnisse werden also immer auf subjektive Erfahrungen von früher bezogen. Zwei Beispiele:

› Wir fürchten uns vor bestimmten Dingen, wissen aber nicht, warum.

- Wir blenden »unerwünschte Informationen«, die unser Selbst- und Weltbild ins Wanken bringen würden, unbewusst aus.

Dieser unterschwellige Automatismus bringt zwar eine subjektive »Planungssicherheit im Alltag« mit sich, sorgt aber auch dafür, dass jeder in seiner kleinen, selbst vorgegebenen Welt gefangen bleibt.

Das hat auch Auswirkungen auf das tägliche Miteinander: Wir meiden z. B. gewöhnlich Menschen – zumindest bewerten wir sie intuitiv eher negativ –, die uns äußerlich an jemanden erinnern, mit dem wir einmal unliebsame Erfahrungen gemacht haben. Grund: Das emotionale Gehirn hat sich die äußeren Merkmale des »Konfliktpartners von damals« gemerkt (= reiner Schutzmechanismus für die Zukunft). Dummerweise sorgt nun später eine ähnlich aussehende Person gezwungenermaßen bei mir für vorschnelle Antipathie. Beispiel: Sieht die neue Mitarbeiterin im Büro in etwa so aus wie die sadistische Mitschülerin aus der 3. Klasse, hat das Auswirkungen auf den Umgang. Allgemein gesagt: Das emotionale Gehirn warnt uns gewissermaßen vor einer bestimmten Person im Hier und Jetzt, die uns lediglich an einen Bekannten *erinnert*.

Durch diesen unbewussten Personenabgleich im Alltag bleiben manche Menschen für uns tabu – *obwohl sie vielleicht interessant sind*! In brisanteren Fällen werden wegen aufgrund desselben Wahrnehmungsfehlers manche Individuen auch Opfer von übler Nachrede, Mobbing, Diskreditierung usw.

Glücksbremsensuche – Unbewusstes bewusst machen

Schauen wir uns doch einmal weitere Phänomene an, die sicher von unbewussten Faktoren mitbestimmt sind, wenn nicht sogar maßgeblich »gesteuert« werden. Der Sinn der folgenden Analyse liegt hierin: Wenn wir uns im Alltag schrittweise innerpsychisch auf die Schliche kommen, können wir hemmende, weil unglücklich machende Denk- und Verhaltensweisen auch mal gezielt verändern, auf lange Sicht vielleicht verarbeiten. Veränderung wird so möglich! Natürlich geht dies nicht von jetzt auf gleich. Hierbei handelt es sich um eine wahre Lebensaufgabe. Wir werden im zweiten Kapitel *Authentisch sein* noch einmal ausführlich darauf zu sprechen kommen.

Schüchternheit

Etwa drei bis fünf Millionen Menschen in Deutschland leiden unter extremer Schüchternheit; wissenschaftlich gesagt: unter Sozialer Phobie. Schüchternheit in durchschnittlicher Ausprägung ist eine Art Vorsichtsmaßnahme und eigentlich eine sinnvolle Sache. Sie spornt uns zu Höchstleistungen an, etwa wenn wir bei der Teambesprechung einen Vortrag halten sollen oder eine Prüfung ablegen müssen. Bereits Minuten vor dem »Auftritt« läuft unser »innerer Motor« an, wir kommen langsam auf Touren. Wir sind aufmerksam und konzentriert, »voll da«. Im Laufe der jeweiligen sozialen Situation legt sich dann die Aufregung irgendwann. Und am Ende kommt dann meistens die Einsicht: »Ach, war ja gar nicht so schlimm!«

Die Natur hat uns nicht umsonst mit diesem Potenzial ausgestattet. Im Laufe des Evolutionsprozesses haben Vorsicht und Zurückhaltung dafür gesorgt, dass Menschen in der Gesellschaft nicht jederzeit aneckten, sondern sich integrierten, anpassten. Auf der anderen Seite ergaben sich aufgrund der damit einhergehenden »tendenziellen Friedfertigkeit« weniger Konflikte mit Vertretern von anderen Sippschaften. Zurückhaltende Menschen überlebten eher als leichtsinnige. Man kann also wie bei der Angst vor Höhe, giftigen Tieren oder sonstigen Gefahren von einem angeborenen Potenzial ausgehen, das grundsätzlich »normal« ist.

Des Guten zu viel

Nun ist bekanntlich aber jedes Extrem mit sehr vielen Nachteilen verbunden. So verhält es sich auch bei übertriebener Schüchternheit. Sie engt den Aktionsradius im Alltag ein und wirkt als echte Glücksbremse. Soziale Phobie zeigt sich nämlich in folgenden Phänomenen (Bandelow 2007):

- Übertriebene Furcht vor der Meinung der Mitmenschen,
- man fühlt sich ständig beobachtet, kritisiert, bewertet,
- starke Hemmung, fremde Menschen anzusprechen,
- alltägliche Angst, etwas falsch bzw. nicht perfekt genug zu machen,
- beim Small Talk mit Unbekannten leidet man unter extremer Nervosität, Angstgefühlen, Herzklopfen, Schwitzen, Verspannungen; man sieht (kritisch) sich selbst und den Gesprächspartner quasi »von außen«, aus der Perspektive eines Dritten.

Wer nie oder nur selten soziale Ängste hat, kann Betroffene nur sehr schwer verstehen. Schnell werden solche Ratschläge gegeben: »Stell dich doch nicht so an, jetzt überwinde dich halt mal«, »Denk doch mal nach: das ist doch völlig übertrieben« usw.

Fehlende Einsicht ist nicht das Thema. Sozialphobiker wissen meistens, dass sie »überziehen«. Das Problem sind die emotionalen/körperlichen Reaktionen in entsprechenden Situationen. Allen voran die (Hyper-)Aktivität der Amygdala, des Angstzentrums schlechthin, macht es Betreffenden sehr schwer, in vermeintlichen Stresszeiten gelassener zu sein. Die

Amygdala ist neben dem Hypothalamus u.a. für das bewusste und unbewusste Angsterleben bzw. für die körperlichen Symptome verantwortlich, die oben schon erwähnt wurden.

Wenn die Angst auftritt, kommt es auf der Verstandesebene auch zu typischen Wahrnehmungsverzerrungen. Zwei übliche Phänomene: (1.) Betroffene empfinden oft eine »schlimme Hitzewelle«, die tatsächlich aber nur einer unmerklichen Erhöhung der Temperatur (circa ein Grad) entspricht; (2.) auf öffentlichen Plätzen kommt man zu dem seltsamen Schluss: »Jeder starrt mich an!«

Nun stellt sich die Frage: Warum ist das Angstzentrum bei Sozialphobikern so hypersensibel eingestellt? Antwort: Wie auch bei anderen neurotischen Phänomenen, kann man von einem ungünstigen Wechselspiel zwischen angeborenen Auffälligkeiten und sozialen Einflüssen ausgehen, will man die Ursachen verständlich machen.

Gebranntes Kind scheut das Feuer

Es heißt: Die Amygdala »vergisst nie«. Genauer gesagt, sie vergisst ein Leben lang keine Situation, die für uns einmal negative Folgen hatte, und davon gibt es ja bekanntlich genug. Wer z.B. als ganz kleiner Knirps auf dem Spielplatz mal von einem Hund in die Hand gebissen wurde, hatte meistens im Anschluss daran Probleme, ähnlich aussehende Vierbeiner »cool« zu finden, geschweige denn zu streicheln. Die Amygdala hinderte ihn nämlich in ähnlichen Situationen quasi vorauseilend durch die Ausschüttung von Stresshormonen daran, mit einem anderen Hund auf Tuchfühlung zu gehen. Man spricht dann von Reizgeneralisierung. Das heißt, im emotionalen Gedächtnis wurde abgespeichert: Hund (Reiz) führt zu Schmerz (Reaktion). Jahre später, nachdem sich die Großhirnrinde ausgebildet hat, könnten Betreffende, wenn ihnen Reflexion nicht fremd ist, in ähnlichen Situationen differenzieren und sagen: »Der Hund, der jetzt vor mir steht, ist ein anderer als damals; vielleicht ist er gar nicht bissig.« Aber selbst das ist nicht so ganz einfach, weil das emotionale Gedächtnis stets aufs Neue beim Anblick von Hunden unangenehme Angstsignale auslöst. Es sei denn, man hat die Phobie schon vorher durch viele erfolgreiche Vierbeiner-Kontaktaufnahmen wieder heilen können.

Es braucht nur sehr wenige schlechte Erfahrungen, bis wir Angst mit einer bestimmten Situation/einem speziellen Objekt verbinden. Die aber reichen aus für die Entwicklung hartnäckiger Phobien, und es ist schwer, sie wieder los zu werden

In Bezug auf Sozialphobiker heißt das: Betreffende verfügen wahrscheinlich über ein emotionales Gedächtnis, das angefüllt ist mit zahlreichen Erlebnissen, die schlicht und einfach unerfreulich oder peinlich waren. Dummerweise wird die »Ursprungsangst« von damals stets aufs Neue im Hier und Jetzt im Gehirn simuliert, sobald man in eine *ähnliche* Situation gerät. Überflüssig zu erwähnen, dass dies unbewusst passiert.

Ich will nun zusammenfassen, wieso übertriebene soziale Ängste im Alltag unglücklich machen:

1. Viel zu viel Aufmerksamkeit wird der Selbst- und Fremdfokussierung geschenkt, was dazu führt, dass Gespräche häufig oberflächlich, unspektakulär und somit für den Anderen langweilig verlaufen.
2. Man spricht bei abendlichen Unternehmungen aus inneren Gründen keine fremden Personen an, weshalb man auch niemanden kennen lernt.
3. Attraktive Massenveranstaltungen, die bei anderen Menschen Glückshormone freisetzen, bleiben tabu.
4. Man erlebt nur sehr wenige öffentliche Auftritte und empfindet daher nie den »Kick«, den beispielsweise Künstler, Musiker, Schauspieler oder Schriftsteller erleben, wenn sie sich oder ihr Werk vor einer großen Gruppe präsentieren.

5. Übertriebene Schüchternheit kann auch gesundheitliche Folgen haben, weil manche Betroffene zum Alkohol- oder Medikamentenmissbrauch neigen, um ihre Furcht vor sozialen Situationen zu reduzieren.

Schüchterne kommen nicht drum herum: Das Angstzentrum muss durch praktische Übungen angegangen werden – die Einsicht in die Sachlage alleine reicht hierzu nicht aus. Aber: Irrationale Ängste, die in der Kindheit entstanden sind, können durch Mut und Engagement weitgehend unwirksam gemacht werden.

Ich war früher übrigens selbst von sozialen Ängsten betroffen, vor allem in der Schule. Hatte zahlreiche »Reinfälle« erlebt. Ich meldete mich infolgedessen im Unterricht so gut wie nie, aus Furcht vor weiterer Blamage. Kam ich wohl oder übel doch mal dran, begann ich augenblicklich zu stottern und wurde rot. Das war was! Allein das Aussprechen des »th« (im Englischunterricht). Und nun? Heute bin ich Lehrer und stehe selbst vor Schulklassen. Da geht also was! Konfrontationsübungen können diese Glücksbremse lösen!

Tipps zur Überwindung von sozialen Ängsten

1. Betreiben Sie einmal pro Woche Biografiearbeit und denken Sie über familiäre Strukturen und über Ihre Kindergarten- und Schulzeit nach. Vielleicht kommen Ihnen einige Situationen in den Sinn, die soziale Ängste begünstigt haben. Das Ganze kann auch gerne mit dem Partner oder Freunden praktiziert werden.
2. Machen Sie sich klar: Sie sind nicht allein, es gibt Millionen, die Ihr Schicksal teilen.
3. Automatische Gedankenketten, die im Alltag soziale Ängste fördern, werden Sie in entsprechenden Situationen bemerken und auf ihren realen Gehalt hin untersuchen.

Entsprechende Muster wie »Wenn ich die nächste Prüfung versiebe, werde ich arbeitslos« – »Wenn ich den Typ da anspreche, findet der mich bestimmt total doof« sind völlig irrational. Schreiben Sie solche Schemata in ein Tagebuch. Sollten die üblichen Automatismen wieder greifen, gilt es, sie bewusst ad absurdum zu führen, etwa so: »Wegen einer vergeigten Prüfung werde ich doch nicht arbeitslos!« Durch eine kritische Prüfung solcher Hirngespinste reduzieren Sie soziale Ängste.

4. Praktizieren Sie mit Ihren Freunden Rollenspiele, in denen Sie unliebsame Situationen live durchspielen. Beispielsituation: Flirtversuch in der Disco.
5. Natürlich müssen Sie auch in der Realität neue Verhaltensweisen einüben. Kommunizieren Sie mehr! Anlässe hierzu gibt es zu Genüge, bereits morgens beim Bäcker. Praktizieren Sie den Small Talk.
6. Der nächsten Mitarbeiterin eines Callcenters (»Nerv!«) geben Sie mal eine klare Botschaft und lassen sich nicht wie sonst der Fall 30 Min. über dubiose Angebote am Telefon unterrichten.
7. Wenn es Ihnen in einer Gaststätte nicht schmeckt – sagen Sie es der Bedienung zur Abwechslung mal.
8. Beim nächsten Supermarktbesuch bezahlen Sie den Rechnungsbetrag mit Kleingeld, nicht mit einem großen Schein. Auch wenn sich hinter Ihnen eine lange Schlange gebildet hat. Die dadurch entstehende Spannung muss ertragen werden.
9. Belohnen Sie sich mit angenehmen Kleinigkeiten, wenn Sie Ihre »Hausaufgaben« ordentlich gemacht haben. Hausaufgaben sind Übungen, die zur Überwindung von sozialen Ängsten beitragen, etwa: »Auf der Party heute Abend werde ich zehn Personen des anderen Geschlechts nach der Uhrzeit fragen«, »Am Montag werde ich 15 Minuten mit der Sekretärin des Chefs über Belanglosigkeiten sprechen« o.Ä.

Liebesstil

Gerade in Sachen Liebesbeziehungen spielen Prägungen vonseiten der Bezugspersonen eine große Rolle. Wie oben schon erwähnt, hat unser Gehirn schwammartig die Umweltverhältnisse vor Jahrzehnten buchstäblich aufgesaugt. Die spezielle Art, wie wir mit unserem Partner im Allgemeinen jetzt und hier umgehen, in Stresssituationen im Besonderen, kommt daher nicht von ungefähr. Kurz gesagt: *Liebesbeziehungen sind meistens ein Spiegel kindlicher Erfahrungen.*

Meistens verinnerlichen wir den Beziehungsstil unserer Erzieher. Der bekannte Kinderpsychiater und Psychoanalytiker John Bowlby hat hierzu Studien durchgeführt, die weltweit Beachtung gefunden haben und häufig bestätigt wurden.

Er hat drei grundlegende Bindungsstile bei Erwachsenen und Kindern erkannt und ausführlich dargestellt: (a) den *sicheren*, (b) den *unsicher-vermeidenden* und (c) den *unsicher-ambivalenten Bindungsstil.*

Es ist natürlich nicht verkehrt, den eigenen Liebesstil mal grob zu analysieren. Schließlich ist er den meisten Menschen gar nicht bewusst, aber durchaus an gewissen Partnerschaftskonflikten beteiligt.

Bei diesem Unternehmen können folgende Fragen erkenntnisreich sein; sie sind jeweils an einen speziellen Bindungsstil angelehnt (natürlich nur im Ansatz). Denken Sie doch mal an einige Ihrer früheren Beziehungen, die Sie bis dato erlebt haben. Lassen Sie folgende Statements mal auf sich wirken:

1. »Mir ist es bisher immer leicht gefallen, intime Beziehungen einzugehen. Ich hatte eigentlich nie Angst vor intensiver Nähe, sondern ließ alles auf mich zukommen. Auf der anderen Seite war und ist mir extreme Verlustangst fremd. Ich hatte stets meinen Freiraum, ging mehrmals in der Woche alleine meinen eigenen Interessen nach. Meinem Partner

war das recht. Eifersucht war selten ein Thema, alles halb so wild. Abhängig fühlte ich mich vom Anderen nicht, und umgekehrt.« – Diese Einstellung spricht für das Vorhandensein des *sicheren* Bindungsstils.

2. »Ich fühlte mich bisher am wohlsten, wenn die Beziehung nicht zu eng wurde. Mit jemandem zusammenziehen, nein, das war eher nicht so mein Ding. Ich kapsele mich lieber ein bisschen ab, innerlich und äußerlich. Ich finde, man sollte nicht zu sehr klammern, wenn man verliebt ist. Bisher hatte ich häufig das Gefühl, der Andere wollte zu viel Nähe. So ganz vertrauen konnte ich meinen Ex-Partnern bisher nicht.« – Diese Aussage hängt mit dem *unsicher-vermeidenden* Bindungsstil zusammen.
3. »Wenn ich meine Beziehungen Revue passieren lasse, denke ich vor allem an eins: Achterbahnfahren. Mein Partner hat mich oft eifersüchtig gemacht, weil er nicht oft genug in meiner Nähe war. Ich brauche auch heute noch sehr viel Nähe. Am liebsten ist es mir, wenn ich mit dem Anderen verschmelzen kann. Ich habe mir schon oft Sorgen gemacht, ob er genauso empfindet wie ich.« – Eine solche Auffassung ist vereinbar mit dem *unsicher-ambivalenten* Stil.

Welche Erfahrungen stecken meistens hinter den einzelnen Stilen? Bowlby kam durch seine Studien zu dem Schluss, dass Partner, die einen sicheren Bindungsstil repräsentieren, von Geburt an ein positives Selbstbild konstruieren, was durch ein vertrauens- und liebenswürdiges Umfeld begünstigt wird. Auf der anderen Seite kann fehlende Aufmerksamkeit vonseiten der Eltern über einen längeren Zeitraum hinweg oder gegenteiliges Verhalten (zu viel erdrückende Nähe) möglicherweise dazu führen, dass man im Erwachsenenalter eher »Beziehungen mit eingebauter Abstandsgarantie« bevorzugt. Zu guter Letzt kann ein ambivalenter *Erziehungsstil* (sprunghaft, widersprüchlich, unberechenbar) einen entsprechenden *Bindungsstil* aufseiten des Kindes entstehen lassen.

Es ist nachvollziehbar, dass der unsicher-vermeidende und unsicher-ambivalente Bindungsstil Glücksbremsen sind und die Partnerschaft belasten können, sprich: den Betreffenden selbst und den Anderen unter Stress setzen. Denn man *hinterfragt* ja nicht die eigenen Ansprüche, sondern »merkt nur«, dass der *Andere* sich »nicht richtig« verhält. Das heißt,

› der unsicher-vermeidende Part regt sich permanent darüber auf, dass das Gegenüber »zu viel« Nähe will,
› der unsicher-ambivalente Gefährte hat immer Angst, sein Partner würde ihn aus heiterem Himmel verlassen, sobald nicht ein hohes Maß an Nähe vorherrscht.

Und jetzt stelle man sich einmal eine Beziehung vor, in der mindestens einer der beiden »unsicher gestrickt« ist, entweder ambivalent oder vermeidend. Wie viele Abende streitet man über das »richtige« Maß an Nähe und Distanz? Viele Stunden an Lebenszeit verlaufen gelinde gesagt unglücklich, und das eigentliche Dilemma – die eigene Prägung – dabei: dauerhaft unklar. Ein entsprechendes Aha-Erlebnis wäre sehr hilfreich: Der Betreffende würde erkennen, dass das »Problem« (und natürlich die Lösung des Problems) – nicht ausschließlich beim Anderen liegt.

Tipps zur Bearbeitung von Nähe-Distanz-Konflikten

1. Reflektieren Sie zunächst im Alleingang über die frühkindlichen und jugendlichen Verhältnisse, die Sie erlebt haben. Hilfreich hierbei kann die Verschriftlichung der Gedanken sein. Gespräche mit den Eltern helfen meistens ebenfalls bei der Biografiearbeit.
2. Reflektieren Sie auch über den Bindungsstil Ihrer Bezugspersonen. Wie Sie wissen, prägen sie uns besonders durch die Art, wie sie miteinander umgehen.

3. Wenn Sie merken, dass Sie »unsichere Tendenzen« mit Ihrer Familie gemein haben, sollten Sie Ihren eigenen Bindungsstil in Bezug zur aktuellen Partnerschaft setzen. Stellen Sie sich folgende Fragen: Gibt es Parallelen? Offenbart mein Partner einen bestimmten Stil? Machen Sie sich unbedingt klar: Ihr aktueller Lebensabschnittsgefährte löst lediglich Ihren Bindungsstil aus. Er ist nicht (!) dafür verantwortlich, dass Sie Angst vor »zu viel« Nähe bzw. vor »zu viel« Abstand haben. Das ist Ihre ganz persönliche Prägung!
4. Denken Sie beide bei Bedarf über spezielle Lösungsmöglichkeiten nach, genauer gesagt, über Kompromisse.
5. Echte Kompromisse, bei denen die Bedürfnisse von beiden Partnern berücksichtigt werden, werden vor allem durch Belohnungen gefestigt. Wie diese Belohnungen aussehen, müssen Sie gemeinsam erarbeiten.

Persönlichkeitsstil

Den meisten Menschen ist wahrscheinlich nicht nur der eigene Bindungsstil *nicht* bewusst, sondern auch ihr *Persönlichkeits*stil (beides hängt natürlich miteinander zusammen). Der Persönlichkeitsstil des Einzelnen zeigt sich, ganz allgemein gesagt, in denjenigen Denk-, Kommunikations- und Verhaltensweisen, die mehr oder weniger konstant auftreten und somit charakteristisch für ihn sind.

Typen und Temperamente

Wer sich mit dem Thema Menschenkenntnis etwas intensiver beschäftigt hat, der weiß, dass seit den »alten Griechen« immer wieder sogenannte Typenlehren aufgetaucht sind. Schon THEOPHRAST sprach vom Schmeichler, Schwätzer, Misstrauischen,

Knausrigen usw. Er hat vor mehr als 2.300 Jahren bereits sehr treffende Beobachtungen gemacht.

Heutzutage befassen sich vor allem Psychotherapeuten mit auffälligen Persönlichkeitsstilen, genauer gesagt, mit (schwierigen) unflexiblen Charakterzügen, wie etwa übertriebene Selbstbezogenheit, unangemessene Geltungssucht oder extremes Misstrauen gegenüber Mitmenschen. »Schwierig« sind Persönlichkeitsstile übrigens dann, wenn Betreffende und/oder ihre Mitmenschen unter ihnen leiden, d.h. unglücklich sind. Meistens empfinden sich solche Personen sogar als *normal* – was natürlich ohnehin der menschlichen Natur entspricht (Damm 2009).

Im Folgenden möchte ich Ihnen einige populäre Stile und ihre jeweiligen Vor- und Nachteile beschreiben. Entnommen sind sie der »Bibel der Psychotherapie«; gemeint ist der ICD-10-Katalog (zu Deutsch: Internationale Klassifikation psychischer Störungen). Dieses Verzeichnis ist, neben anderen, u.a. *die* Grundlage für die Arbeit von Psychologen und Psychiatern auf der ganzen Welt.

Natürlich ist niemand gänzlich frei von den folgenden Charakteristiken, wahrscheinlich sind sie bei Ihnen nur weniger stark ausgeprägt. Jedes Individuum hat gewissermaßen sein eigenes »charakterliches Mischungsverhältnis«. Manchmal »überstrahlt« ein Stil die ganze Persönlichkeit.

Hier also eine kleine Auswahl (es gibt noch einiges mehr an Persönlichkeitsstilen):

1. *Narzisstischer Stil.* – Er offenbart sich folgendermaßen: Übertriebene Selbstverherrlichung, ständiges Streben nach Anerkennung und Bewunderung, Gefühl von Wichtigkeit usw. – Vorteile: Erfolg im Beruf, großer Bekanntenkreis. – Nachteile: Mangel an Einfühlungsvermögen, übergroße Empfindlichkeit gegenüber Kritik, Betreffende sind abhängig vom Beifall der Umwelt, Gefahr von plötzlichen

Depressionen aufgrund von stets latent vorhandenen Minderwertigkeitsgefühlen.

2. *Zwanghafter Stil.* – Motto: »Ordnung und Vernunft sind das ganze Leben«; extreme Gewissenhaftigkeit, Hang zum Perfektionismus, übermäßige Beschäftigung mit Tabellen und Listen. – Vorteile: »Sicheres«, strukturiertes Leben. – Nachteile: Spontaneität und große Teile des Gefühlsspektrums werden unterdrückt, Erbsenzähler-Mentalität, mangelhafte Genussfähigkeit.
3. *Paranoider Stil.* – Hauptsächliches Charakteristikum: Übertriebener Selbstschutz; Betreffende haben sehr wenig bis gar kein Vertrauen zu anderen, sie befürchten bzw. erwarten stets Lug und Trug; Streitsucht; Verhaltensweisen der Umwelt werden viel zu oft als »feindlich« interpretiert. – Vorteil: Man wird selten wirklich verletzt. – Nachteile: Durch paranoide Denk- und Verhaltensweisen geht man sich selbst und vor allem anderen auf den Wecker, vergrault sogar die Liebsten mit seiner unangemessenen »Stacheligkeit«; in Zweierbeziehungen geht es meist nur um (eingebildete) Seitensprünge und infolgedessen unvermeidlich um unangemessene Eifersucht (Damm 2006).

Bei diesen Stilen handelt es sich um extreme Ausprägungen von Charakterzügen, die wir alle, möglicherweise in abgeschwächter Form, kennen.

Wie erwähnt, es gibt Personen, bei denen ein bestimmter Stil die Persönlichkeit besonders dominiert. In diesen Fällen ist es des »Guten zu viel«. Warum ist das so?

Natürlich sind entsprechende Selbstdarsteller, Erbsenzähler und Misstrauische nicht von Geburt an so anstrengend. Psychotherapeuten gehen heutzutage davon aus, dass Betreffende sich im Kindesalter durch die Ausprägung ihres speziellen Stils an die vorliegenden Umstände, Erfahrungen und Anforderungen der Betreuungspersonen angepasst haben. Daraus folgt:

- Narzissten waren vielleicht schon früher der »King« in der Familie und haben infolgedessen ihre Rolle verinnerlicht – oder sie wurden eventuell auf überkompensierende Weise so egozentrisch, weil sie viel *zu wenig* beachtet und wertgeschätzt wurden.
- Zwanghafte Persönlichkeiten fanden in ihrer Familie möglicherweise eher chaotische Verhältnisse vor und reagierten darauf mit der Ausprägung von Verhaltensweisen, die (beruhigende) Ordnung und Struktur ins Leben brachten. Populärer ist das andere Extrem: dass zwanghafte Denk- und Verhaltensweisen im Kindesalter von den Eltern durch Lob und Belohnungen verstärkt wurden: »Du warst heute sehr brav und fleißig, da sind Mama und Papi sehr stolz.«
- Paranoide Persönlichkeiten andererseits haben wahrscheinlich öfters psychische und körperliche Grenzverletzungen erfahren, auf die sie mit dem Aufbau von »paranoiden Stacheln« reagierten; oder aber Betreffende verinnerlichten entsprechende Charaktereigenschaften von ihren Bezugspersonen; schließlich haben Letztere auch oft eine Vorbildfunktion für den Heranwachsenden.

Alte Besen kehren schlecht

Wir sehen: Die Ausprägung eines bestimmten – aus heutiger Sicht schwierigen – Charakterzugs hat einmal Sinn gemacht, und zwar vor allem in der Kindheit.

Nun ergibt sich aber ein Problem, zumeist für diejenigen, die mit Menschen zu tun haben, deren Persönlichkeit von einem »nervigen« Charakterzug dominiert wird. Ich hatte oben schon darauf hingewiesen: *Schwierige Menschen empfinden sich nicht als schwierig*. Sie stellen ihre Persönlichkeit, die im Alltag oft aneckt, nie infrage. Der Grund liegt darin, dass ihre Charakterstacheln früher, als das Gros der Persönlichkeit ausgeprägt wurde, von immensem Nutzen waren; sie erleichterten das Zusammenleben zu Hause. Nun, was früher gut war, muss es heute nicht mehr sein. Und das ist das Problem, was Betreffende nicht sehen! Diese Menschen reagieren im Hier und Jetzt auf die Mitmenschen häufig so, wie sie früher auf ihre Bezugspersonen im Allgemeinen reagiert haben. Sie sehen aktuelle Gesprächspartner quasi immer »im Scheinwerferlicht der Vergangenheit«.

Nun wird verständlich, warum

... Narzissten *keinerlei* Kritik annehmen können, auch wenn sie berechtigt ist (sie wird *intuitiv* abgewehrt),

... warum Zwanghafte dem Motto »Ordnung ist das ganze Leben« frönen und auf Teufel komm raus im Alltag eine stets »weiße Weste«, genauer gesagt, ein reines Gewissen, haben wollen,

... warum Paranoide selbst in einer harmlosen Gesprächssituation dem Anderen aus heiterem Himmel böse Absichten unterstellen.

Dass solche Eigenschaften die Betreffenden *und* die Mitmenschen unglücklich machen, ist offensichtlich, weshalb manche Persönlichkeitsstile als schwer wiegende Glücksbremsen zu bezeichnen sind.

Aus dem Gesagten folgert, dass man ruhig einmal über die Möglichkeit nachdenken darf, ob man manchmal eine entsprechende Nervensäge ist.

Fazit und Tipps

1. Schreiben Sie doch mal diejenigen Charaktereigenschaften auf, die Ihnen selbst manchmal auf die Nerven gehen. Möglicherweise ergibt die Summe dieser Schattenseiten einen bestimmten Persönlichkeitsstil.

2. In diesem Fall gibt es mehrere Wege, wie man aktiv werden kann. Natürlich hilft es meistens, sich die eigenen Eltern anzuschauen und sie charakterlich einzuordnen. Vielleicht finden Sie hier schon Hinweise auf die möglichen Ursachen Ihrer eigenen Ecken und Kanten.
3. Man muss sich immer vor Augen halten, dass selbst die schwierigsten Charakterzüge einmal ihre Berechtigung hatten. Das heißt, grundsätzlich haben sie etwas »Gutes« an sich. Die Frage ist aber: Ist es im Hier und Jetzt z. B. weiterhin notwendig, auf alle anderen *immer* einen guten Eindruck zu machen (narzisstisch), stets strukturiert und »verkopft« zu sein (zwanghaft), die ganze Umwelt als niederträchtig einzuschätzen (paranoid)?
4. Wenn schwierige Charakterzüge vorliegen, darf man handeln, sprich: in relevanten Situationen sich auch mal auf die Zunge beißen. Dann verändern sich die Dinge schrittweise.

Umgang mit Stress

Ohne Zweifel, eine weitere mögliche Glücksbremse ist – Stress. Er kann bekanntlich auf körperlicher und seelischer Ebene viel Schaden anrichten. Insbesondere heutzutage scheint er ein großes Problem zu sein. Nicht nur deshalb wird er von manchen Wissenschaftlern als eine der größten Gesundheitsgefahren des 21. Jahrhunderts angesehen.

Im *Spiegel* (48/2008) finden wir sehr alarmierende Zahlen. Laut der Weltgesundheitsorganisation (WHO) sind circa 40 Prozent der Bundesbürger von Stress betroffen, zumeist infolge von Überlastung in Beruf und Familie. Beides hängt oft miteinander zusammen. 50 bis 60 Prozent aller beruflichen Fehltage sind nach Schätzungen auf Überanstrengung zurückzuführen, circa 54.000 Menschen sind 2007 aufgrund von psychischen

Erkrankungen, die aller Wahrscheinlichkeit nach auch stressbedingt sind, vorzeitig in Rente gegangen. Diese Befunde müssen nachdenklich stimmen.

Ein Erbe mit zwei Seiten

Was ist Stress? Eigentlich ein sinnvoller Mechanismus mit evolutionärem Hintergrund, der schon unseren Urmüttern und -vätern in einer noch bedrohlichen Umwelt das Überleben wahrscheinlicher machte. Die körperlichen Phänomene (u.a. BANDELOW 2004, 203 f.), die wir auch noch heute bei akutem Stress offenbaren, ermöglichen blitzschnell »maximale Aktionsbereitschaft«:

- Herzschlag, Blutdruck und Puls steigen abrupt an,
- die großen Muskelgruppen in Armen und Beinen werden stärker durchblutet,
- Leber und Bauchspeicheldrüse arbeiten gemeinsam, um Zucker freizusetzen – auf diese Weise entsteht ein zuverlässiger Energievorrat (für Aktion oder Reaktion),
- die Anzahl der roten Blutkörperchen explodiert förmlich.

All diese Vorgänge setzen uns bei Gefahr »unter Strom«, ob wir wollen oder nicht. Die Funktionen des sogenannten autonomen Nervensystems, das hierfür hauptsächlich verantwortlich ist, haben wir nicht unter Kontrolle.

Ursprünglich waren Stresszustände hilfreich, weil sie den Körper handlungsfähig machen, was ja in Situationen, in denen es ums Überleben geht, zwingend notwendig ist. Doch sind die angeborenen Stressreaktionen nicht mehr ganz *up to date*. Wir leben nämlich heute, wie oben angedeutet, zunehmend in gesellschaftlichen Verhältnissen, die im Allgemeinen nicht mehr lebensbedrohlich sind; trotzdem lösen sie effizient die archaischen Stressmechanismen aus (s.u.). Ein Beispiel. Der Anblick eines Säbelzahntigers vor 40.000 Jahren hat unsere Vorfahren intuitiv auf Touren gebracht. Heute ist es ein anderer Furcht einflößender Anblick, z.B. der cholerische Boss, der uns in einem Vieraugengespräch massiv Druck macht, *noch* mehr Absatz zu erzielen. Im schnelllebigen Alltag geht es nicht mehr um Leben oder Tod, sondern »nur« um wichtige Termine, Gespräche, E-Mails, sinkende Aktienkurse, die »lieben« Nachbarn oder Kollegen. Auch ein Autostau, bekanntlich sehr ärgerlich, kann uns aus der Fassung bringen.

Fazit: Die Ängste haben sich in den letzten Jahrhunderten geändert. Sie sind nunmehr in den heutigen kulturellen Kontext eingebettet. Die angeborenen Stressreaktionen hingegen sind dieselben geblieben. Der kulturelle Überbau verändert sich eben schnell; der Mensch nicht. Unsere natürlichen Potenziale haben sich über Jahrmillionen entwickelt, um unser Überleben und unsere Fortpflanzung zu sichern, und sie werden sich daher nicht so schnell in Wohlgefallen auflösen. Aber Stress ist unter bestimmten Voraussetzungen alles andere als eine Glücksbremse.

Auf die Stress-Art kommt es an

Die scheinbar Glücklichen unter uns arbeiten in den Führungsetagen der großen Unternehmen dieser Welt, und das zumeist sonderbarerweise inklusive einer wöchentlichen Arbeitszeit von 60 Stunden und mehr. Warum sind Betreffende trotz »Volldampf« zufrieden(er)? Nun, sie haben Macht, ernten Anerkennung, erhalten Belohnungen und können im Gegensatz zu Millionen anderen *nachvollziehen*, was unter dem Strich durch ihr Wirken herauskommt. Unter anderem diese vier Faktoren sind Voraussetzungen für berufliches Glück.

Sie sorgen außerdem für »guten Stress«, und der ist sogar gesundheitsfördernd.

Andererseits aber fristet die Mehrheit der Arbeitnehmer ein anderes Berufsdasein. Das Gros arbeitet zumeist in Verhältnissen, die negativen Stress auslösen. Negativer Stress entsteht durch mangelhafte Anerkennung, unzureichende Bezahlung und ein hohes Arbeitspensum (Beispiel: soziale Berufe). Ein weiteres Unding unserer neo-liberalistischen Wirtschaftspolitik: Es muss kontinuierlich »mehr Wachstum«, sprich mehr Umsatz verzeichnet werden. So gut wie nie fehlt daher auch der obligatorische Druck vonseiten der mittleren und höheren Führungsebene. Dass unter solchen Voraussetzungen z. B. ein so unmoralisches Phänomen wie das Mobbing wachsen und gedeihen kann, liegt nahe. Und noch eine Glücksbremse gesellt sich hinzu.

Millionen Menschen, die nicht an den »großen Rädern« drehen, sind infolge von negativem Stress heutzutage oft nicht mehr imstande, mal »runterzukommen«. In solchen Fällen kann es ganz ärgerlich werden, wenn notwendige Entspannungsphasen irgendwann gänzlich ausbleiben. Betroffene sitzen dann ständig auf glühenden Kohlen und begeben sich dadurch unfreiwillig in eine Abwärtsspirale, an deren Ende das »psychische Ausbrennen«, sprich der Burn-out steht. Der Körper macht irgendwann mal schlapp. Da helfen auch nicht die üblichen »Strohhalme«, nach denen verzweifelt gegriffen wird: Fast Food z. B. Burger, Pommes, Pizza und Co. avancieren in negativen Stressphasen häufig zu den kleinen Lustbringern des Alltags. Aber das verheißt bekanntlich auf lange Sicht nichts Gutes. Auch Alkohol eignet sich auf den ersten Blick als »Entspanner«. Aus dem »Gläschen in Ehren« nach Feierabend kann schrittweise und schleichend auch eine Flasche und mehr werden. Die Folgen dieses Raubbaus werden nicht ausbleiben.

Auch das soziale Umfeld wird gewöhnlich durch das Leiden des Betreffenden beeinflusst. Man lässt negativen Stress unter Umständen irgendwann an den Anderen aus, besonders die »Liebsten« avancieren dann zu Aggressionsventilen. Daher sind auch Beziehungsprobleme infolge von Überlastung nicht selten, denn negativer Stress, ich greife jetzt mal dieses Phänomen heraus, verstärkt u.a. *geschlechtsspezifische Kommunikationsauffälligkeiten*. Ein Beispiel: Viele Männer, die ihre Partnerin im Allgemeinen mit ihrem Hang zum Schweigen ohnehin »stressen«, werden durch übermäßige Belastung im Job zu *echten* Eisblöcken. Auf der anderen Seite verwandeln sich manche überforderte Ehefrauen in extrovertierte Quasselstrippen. Beide Auffälligkeiten werden sicher zu mehr Beziehungsstress führen.

Ein Gleichgewicht zwischen gutem und schlechtem Stress herstellen

Trägt man all dem Rechnung, kommt man leicht zu dem Schluss: Man muss negativem Stress auf die »richtige« Weise begegnen. In vielen Ratgebern ist zu lesen: »Reduzieren Sie ihn!« Das ist natürlich gut gemeint, aber es stellt sich die Frage: Wie soll das gehen? Soll ich z.B. meinen Job kündigen, weil mein Chef ein unausstehlicher Choleriker ist? Oder: Soll ich mit meiner Familie das gerade neu gebaute Haus wieder aufgeben und wegziehen, weil wir von unserem Nachbarn »Mr. Paranoia« genervt werden? – Aber es gibt andere Wege.

Oben haben wir festgehalten, dass positiver Stress gesund ist. Hierzu gehört natürlich auch, sich mal ordentlich auszupowern, und zwar am besten mit Ausdauersport. Durch schweißtreibende Aktivitäten lernt Ihr Körper u.a., wirtschaftlicher mit zukünftigen Belastungen umzugehen, genauer gesagt: mit beruflicher Überlastung. Wenn Ihr Gehirn schrittweise ein

»Fünf Sporteinheiten pro Woche«-Programm abgespeichert hat, konstruiert Ihr Körper sehr wahrscheinlich beim nächsten Anpfiff des Chefs nicht mehr dasselbe Stressniveau wie sonst, denn das wäre nicht ökonomisch. Man wird also durch guten Stress gezwungenermaßen »cooler«. Und bedenken Sie: Bereits eine Sporteinheit reicht aus, um den alltäglichen körperlichen Anspannungszustand, der durch negativen Stress bewirkt wird, zu »entladen«.

Ein weiterer positiver Effekt: Beim Joggen, Schwimmen, Radfahren kommt es zur Ausschüttung des Glückshormons Serotonin. Dieser Botenstoff wirkt wie ein natürliches Antidepressivum (Bandelow 2004). Weitere Anregungen, um ein effizientes Stressmanagement zu etablieren, sind im folgenden Kasten zusammengefasst.

Fazit und Tipps

1. Stressreaktionen sind ein Produkt der Evolution, die das Überleben sichern sollen. Sie versetzen den Körper in eine »Kampf-oder-Flucht«-Bereitschaft. Leider wird dieses Potenzial in der heutigen Zeit auch durch berufliche und familiäre Überlastung ausgelöst.
2. Notieren Sie Ihre üblichen Stresssituationen in ein Tagebuch. Ihre Bewältigungsstrategien, »schlimmen Gedanken«, aber auch körperliche oder seelische Beschwerden dürfen Sie auch berücksichtigen. Man darf schon mal über seinen Stressbewältigungsstil reflektieren, vielleicht ist er unangemessen. Eventuell machen Sie sich aber auch selbst zu viel Stress, weil Sie zu viele Aufgaben übernehmen.
3. Meditieren entspannt erwiesenermaßen. Probieren Sie es aus. Zu Beginn genügt es, in einem möglichst reizfreien Ambiente die Augen zu schließen und sich eine weiße Fläche vorzustellen. Vermeiden Sie jegliches Abdriften der Gedanken. Konzentrieren Sie sich auf eine tiefe Atmung. Halten

Sie diesen Zustand mindestens fünf Minuten durch. Regelmäßiges Meditieren wird seinen Sinn nicht verfehlen.

4. Engagieren Sie sich in einem Freizeitbereich, der Ihnen Anerkennung/Beifall/Respekt einbringt.
5. Sagen Sie der Hektik den Kampf an. Entschleunigen Sie Ihren Alltag. Planen Sie bewusst Ruhephasen ein. Sagen wir, circa 30 Minuten. Sie können auch die Tageszeitung bei einer Tasse Kaffee lesen. Oder: Mit Entspannungsmusik auf dem Bett liegen und dösen – auch okay. Wenn Sie nicht allzu viel Vertrauen in Ihr Gedächtnis haben, lassen Sie sich täglich von Ihrem Handy an Ihre ganz persönliche Pause erinnern.
6. Praktizieren Sie geistige und kreative Tätigkeiten. Malen Sie Aquarelle, lesen Sie philosophische Klassiker, gehen Sie einmal pro Woche ins Kino, Kabarett oder Theater.
7. Betätigen Sie sich künstlerisch. Wie wäre es damit: Einen Tisch zimmern, das Haus streichen, den Garten bestellen usw. Solche Beschäftigungen wirken sich sehr beglückend auf den seelischen Zustand aus. – Gemeint sind Flow-Zustände (s.u.).
8. Sorgen Sie mit Sport und gesunder Ernährung für einen erholsamen Schlaf. Das bedeutet auch, den Fernseher aus dem Schlafzimmer zu entfernen.
9. Sagen Sie auch mal: »Nein!« Dies gilt für vermeidbare Stresssituationen, etwa für »Pflichttermine«, die eigentlich gar keine sind.
10. Veranstalten Sie einmal pro Woche alleine einen Frauen- bzw. Männerabend. Hier können Sie sich in vertrauter Runde »mal auskotzen«, mal einen draufmachen und – vor allem – über diejenigen Menschen in Ihrem Umfeld lästern, die Ihnen besonders viel negativen Stress bescheren. Lästern ist gesund! Jeder tut es! Aber achten Sie darauf, dass der Betreffende es nicht mitbekommt, er würde es persönlich nehmen.

Ich habe schon viele Menschen, die rastlos durchs Dasein hetzen, in einem ruhigen Moment gefragt, wieso sie nicht einfach mal »runterkommen« und die Fünfe grade sein lassen. »Wäre doch sinnvoll«, sage ich dann. Viele erwidern sinngemäß: »Tja, eine Seite in mir meint schon: ›Mach mal langsam, es reicht‹, eine andere protestiert: ›Egal, schaff weiter‹; und oft gewinnt dann der innere Antreiber.«

Diese Aussage, unscheinbar, wie sie auf den ersten Blick erscheint, spiegelt eigentlich ein gravierendes Paradox unserer menschlichen Existenz wider: Vieles, was uns im Alltag innerlich bewegt, *widerspricht* sich.

Zahlreiche Humanwissenschaften haben es bestätigt: Wir *bestehen* sogar unvermeidlicherweise aus Widersprüchen. Entsprechend fragte sich im Jahr 2007 Bestseller-Autor Richard David Precht (von Hause aus Philosoph): »Wer bin ich – und wenn ja, wie viele?« In seinem gleichnamigen Buch verbindet er u.a. philosophische Gedanken mit geistes- und aktuellen neurowissenschaftlichen Erkenntnissen über unser Ich-Bewusstsein. Eine Quintessenz seiner Auseinandersetzungen lautet: Unser Gefühl, *ein* Ich zu besitzen, ist verführerisch, aber eine Illusion; tatsächlich sind wir *viele*.

Da den meisten Menschen der Gedanke von der »inneren Vielfalt« Angst macht bzw. unrealistisch vorkommt, beschäftigen sich wahrscheinlich auch so wenige mit sich selbst. Doch ein Blick ins »dynamische Innere« lohnt sich sehr, wie wir gleich sehen werden. Zur Einführung ein kleines Beispiel meinerseits. Ich persönlich nehme täglich mehrere Dilemmasituationen in mir wahr, in denen ich innere Dialoge über das jeweilige Für und Wider führe. Ich beschreibe Ihnen hier einen solchen Gedankenaustausch anhand einer leidigen Frage aus meinem Alltag. Sie lautet: »Gehe ich heute joggen oder lass ich es lieber sein?« Teilnehmer des inneren Disputs sind meistens: »Innerer Schweinehund« und sein Gegenspieler: »Vernunft«. Und das sieht dann stark vereinfacht so aus:

Vernunft: »So, es ist mal wieder soweit. 17 Uhr. Du wirst noch laufen.«
Innerer Schweinehund: »Ach nee. Moment mal! Du warst doch vorgestern erst.«
Vernunft: »Kneif dir mal in die Hüfte!«
Innerer Schweinehund: »Das geht noch, du bist schlank genug.«
Vernunft: »Soso. Sollen wir uns mal auf die Waage stellen?«
Innerer Schweinehund: »Egal. Draußen regnet es übrigens.«
Vernunft: »Komm! Auf geht's! Laufschuhe anziehen! Dafür lassen wir morgen die Zügel schleifen und gehen ins Stadion. Wormatia Worms hat ein Heimspiel.«

Manchmal geht das einige Minuten so weiter. Selten geht die Sache aber unentschieden aus, was mich ja blockieren bzw. stressen würde. Letztlich gewinnt also einer der beiden. Und das ist auch gut so. Wichtig ist nämlich, dass ich mit dem Gesamtergebnis leben kann. Und das sieht so aus: Jede Woche laufe ich circa 40 Kilometer. Okay. Wie und wann diese Strecke innerhalb von sieben Tagen zustande kommt, ist letztlich ja egal. Mal gewinnt die Vernunft, mal der innere Schweinehund. Beide Potenziale haben ihre Daseinsberechtigung, ihre Vor- und Nachteile, und sie werden daher entsprechend erhört. An einem bestimmten Punkt kommt dann eine Entscheidung, die durchgehalten und entsprechend schnell abgehakt wird. Das ist der Trick!

Das Jogging-Dilemma ist im Vergleich zu den wirklich relevanten Lebensproblemen natürlich eher unbedeutend. Das Ganze geht auch extremer. Nehmen wir z.B. folgende Dilemmata:

- »Soll ich den Traumjob in 300 Kilometer Entfernung annehmen oder lieber nicht? Wenn nicht, wäre das eine vertane Chance. Was aber wird aus meiner Familie, wenn ich fünf Tage in der Woche außer Haus bin?«
- »Soll ich beim Betriebsausflug morgen meine Frau mit der extrem attraktiven Sekretärin betrügen? Sie kriegt es wahrscheinlich nie raus; aber was, wenn doch?«
- »Soll ich die gesparten 2.000 Euro in mein geliebtes Auto stecken oder in den nächsten Familienurlaub?«

Sie sehen, dass unsere innere Ambivalenz ebenfalls eine gravierende Glücksbremse sein kann, jeden Tag. Meistens klopft das Unglück an die Tür, wenn sich *stark* ausgeprägte gegensätzliche Strebungen nicht einfach so kompromissfähig ausbalancieren lassen. Dann wirken Betroffene auch nach *außen* hin ambivalent, sind genervt, gestresst, und sie können gar keine Entscheidungen diesbezüglich treffen. Ein ewiges Hin und Her. Manche stressen auf diese Weise täglich sich selbst und ihr Umfeld, ein Leben lang. Überlegen Sie mal, welche Auswirkungen diese Spannungen gewöhnlich auf die Partnerschafts- und Erziehungsqualität haben können.

Trotzdem ist nicht von der Hand zu weisen: Das Problem selbst liegt nicht in der Tatsache, *dass* wir wegen unserer inneren Zwiespalte oft hin- und hergerissen sind, sondern in der herkömmlichen Annahme, unsere »Vernunft«, genauer gesagt, unser »bewusstes Ich« würde die Dinge in letzter Instanz schon schaukeln.

Aber: Sich ausschließlich auf seinen »gesunden Menschenverstand« zu verlassen, ist kein Garant für ein glückliches Leben, schließlich wird unser »logisches Denken« ja manchmal aus dem Unbewussten heraus sabotiert, was wir dann gar nicht merken. Wir dürfen entsprechend Selbsterforschung betreiben. Aber wie lernt man seine Innenwelt besser kennen?

Es gibt (mindestens) zwei Wege. Einen stelle ich Ihnen jetzt, den anderen im zweiten Teil des Buchs vor.

Die eigenen Teammitglieder kennenlernen

Der Vorreiter der deutschsprachigen Kommunikationspsychologie hat vor wenigen Jahren eine interessante Selbsterforschungsmethode kreiert. Die Rede ist von FRIEDEMANN SCHULZ VON THUN, der an der Universität Hamburg lehrte. In seinem Modell vom »Inneren Team« (2002), das viele gestaltpsychologische Elemente enthält, berücksichtigt er die Lehre von der inneren Pluralität des Menschen.

Was genau sind innere Teammitglieder? Hierzu schreibt SCHULZ VON THUN (2002, 33): Teammitglieder sind innerpsychische »Teile, die *seelische* Anliegen vertreten bzw. in der inneren Gruppendynamik *eine* bestimmte Rolle übernehmen«.

Das Innere Team wurde nicht von uns selbst, sondern zu einem Großteil von unseren Bezugspersonen aus der Kindheit »zusammengestellt«. Jene hinterlassen, vereinfacht gesagt, Spuren in unserem Gehirn. Es ist z. B. offenkundig, dass Säuglinge und Kleinkinder Verhaltensweisen und Einstellungen von Personen aus Ihrem Umfeld *verinnerlichen*. In den Nervenbahnen des Gehirns leben die Eindrücke unserer Bezugspersonen weiter; übrigens selbst dann, wenn Letztere irgendwann sterben. Aus diesem Grund findet man auch viele Teammitglieder im Inneren vor, die den Eltern und Verwandten ähneln.

Nun der Brückenschlag zur Selbsterprobung. Erinnern wir uns an mein (fast) tägliches Jogging-Dilemma. »Vernunft« und »innerer Schweinehund« sind bei diesem Thema offensichtlich Mitglieder meines Inneren Teams. Ich hätte die beiden auch »Herr Fleißig« bzw. »Herr Faultier« nennen können. Die Namen, die man seinen inneren Motivationen gibt, sind letztlich zweitrangig, sie sollen lediglich Symbolcharakter haben. Wichtig ist die Namensvergabe aber, und zwar zwecks Steigerung der Selbstwahrnehmung in schwierigen Situationen. Es ist also sehr gewinnbringend, *bei auftretenden innerpsychischen Spannungen im Alltag einzelne Anliegen auf Mitglieder des Inneren Teams zu beziehen*.

Ein Beispiel. Nehmen wir an, Ihr Lebenspartner eröffnet Ihnen eines Tages, dass er vorhat, am kommenden Wochenende mit seinem Bekannten auf eine Drei-Tage-Städtetour zu gehen. Das kann bei Ihnen Zwiespalte auslösen. Möglicherweise meldet sich in Ihnen die Stimme von, sagen wir, »Frau Gönnerhaft«. Vielleicht weisen Ihre Gefühle und Bedenken gleichzeitig aber auch auf die Existenz von »Frau Misstrauen« oder »Frau Enttäuscht« hin. Wenn Sie in Bezug auf diesen hypothetischen Fall vorher noch keine Selbstklärung betrieben haben, kann es sein, dass einzelne Teammitglieder nun automatisch »nach vorn« preschen und ihre Meinungen spontan kundtun.

Warum ist das so? Die aktuelle Stimmung, die Umstände und/oder biografische Erfahrungen entscheiden darüber, welcher der inneren Teamplayer sich »durchsetzt«. Wenn nun mehrere Mitglieder ein ähnlich mächtiges Mitspracherecht haben, folgt daraus eine sich selbst widersprechende Kommunikation. – »Frau Gönnerhaft« wird sich vielleicht spontan zu einem solchen Satz durchringen: »Hast Recht, Schatz, du brauchst auch mal wieder ein Männerwochenende.« Zwei Minuten später gibt aus heiterem Himmel »Frau Enttäuscht« Ihrem Gegenüber mit Nachdruck zu bedenken: »Mit mir fährst du nie weg!« Oder aber »Frau Misstrauen« drängt sich aus heiterem Himmel dazwischen: »Mit deinem Kumpel. Soso. Und ihr beide seid da ganz alleine unterwegs, hm?«

Sie sehen schnell: Die Kommunikation mit den Mitmenschen würde authentischer, befriedigender verlaufen und eher

Kompromisse ermöglichen, würde man vorher sein Inneres Team kennenlernen und es bewusst führen.

Berufen Sie bei schwerwiegenden Alltagsproblemen ein Meeting ein, bevor Sie »nach außen hin« Stellung beziehen

Im ersten Schritt darf man seine Achtsamkeit verfeinern, d.h., man sollte in entsprechenden Stresssituationen innere Teammitglieder erkennen und benennen können. Sie werden auf zahlreiche stoßen. Seien Sie interessiert und offen. Heißen Sie alle Teammitglieder herzlich Willkommen, manche sind »nett«, andere nicht. Es ist natürlich klar, dass es einiger Arbeit bedarf, um weitgehend alle Mitglieder aufzuspüren. Durch derartige Selbstreflexion kommt man übrigens einem authentischen Lebensstil näher, weil man mehr auf seine wahren Bedürfnisse eingehen kann. Und: Alle Teammitglieder haben ihre Berechtigung und – Mitspracherecht.

Bei anstehenden Auseinandersetzungen mit dem sozialen Umfeld bietet sich an, zuvor ein »Meeting« einzuberufen. Für diese Fälle können Sie sich Flipchart-Papier bereitlegen. Zeichnen Sie darauf mit einem dicken Filzstift die Umrisse Ihrer Person. Auf eine breite Brust ist zu achten, da an dieser Stelle die Teammitglieder eingezeichnet werden.

Ich konstruiere jetzt mal aus dem Stehgreif eine Konstellation für Sie. Nehmen wir Folgendes an: Sie sind sich uneins darüber, ob Sie jedem Besuch bei den Schwiegereltern beiwohnen sollten, schließlich steht er jeden Sonntag an. Kurz gesagt, Sie hätten dann und wann auch mal etwas Besseres zu tun. Aber die Umsetzung dieses Wunsches ist nicht so einfach. *Einerseits* wissen Sie, dass Ihre Partnerin an die Decke gehen würde, wären Sie nicht immer dabei. *Andererseits* plagen Sie auch innere Konflikte, genauer gesagt, Teamkonflikte. »Frau Gewissenhaft« mahnt Sie wegen dieser Sache zur »Pflichterfüllung«: »Geh mit, das macht man so, wenn man verheiratet ist!« Zeichnen Sie in diesem Fall »Frau Gewissenhaft« in Ihre skizzierte Brust ein. Ebenfalls darf auch bei Bedarf »Herr Freiheitsliebend« berücksichtigt werden. Er hat auch was zum Thema zu sagen, nämlich: »Ich will auch mal Zeit für mich alleine haben!« Vielleicht stoßen Sie bei der Selbsterforschung auch auf eine »Frau Unzufrieden«, die meint: »Bleib bloß mal daheim, dann musst du dir mal nicht die alten Kamellen von Tante Tilli anhören.«

Seien Sie der Teamchef!

Angenommen, Sie haben irgendwann ein überschaubares Team visualisiert, das in diesem Schwiegereltern-Dilemma meistens die Fäden in der Hand hat. – Nun kann das Meeting beginnen, sprich: der Testballon kann steigen. Machen Sie sich klar: Einerseits *sind* Sie »Frau Gewissenhaft«, »Herr Freiheitsliebend« und »Frau Unzufrieden«, andererseits aber auch gleichzeitig der *Moderator* bzw. *Vorsitzender* des Meetings.

So irritierend das nun klingen mag: Argumentieren Sie jetzt aus verschiedenen Perspektiven. Alle Mitglieder müssen nacheinander gehört werden. Alle sind gleichermaßen wichtig. Stellen Sie den einzelnen Mitgliedern auch Fragen, z.B.: »Was ist dir wichtig?«, »Warum ist dir das wichtig?«, »Wie sieht ein Kompromiss für dich aus?«

Bereits eine Teamsitzung, die gewöhnlich nur wenige Minuten dauert, trägt viel zur Selbstklärung bei. Wahrscheinlich können Sie als Moderator in letzter Instanz eine Entscheidung treffen, die als Kompromiss für alle »durchgeht«, wenn auch nur »gerade so«.

Die *innere* Klärung reicht bei unserem Beispiel nicht unbedingt aus. Sie möchten vielleicht den Fall auch »da draußen« anpacken, sprich mit Ihrem Partner darüber reflektieren. Ein solches klärendes Gespräch sollte natürlich in einem geeigneten Rahmen stattfinden. Das heißt Handys aus, Kerzen und Stereoanlage an, Licht dimmen. Oder Sie laden Ihre bessere Hälfte mal in ein geeignetes Restaurant ein. Nun können Sie konkret Ihre Gefühle und Bedürfnisse verbalisieren. Denkbar wäre eine Selbstoffenbarung, die den Kompromiss der vorangegangenen Teamkonferenz beinhaltet. Vielleicht sieht das dann so aus:

> »Schatz, es dreht sich um unser all-sonntägliches Prozedere. Ich weiß, dass dir das sehr wichtig ist, schließlich treffen wir ja deine Eltern und Verwandten. Ich habe gemerkt, dass ich dich manchmal aus Pflichtbewusstsein [Frau Gewissenhaft] begleite und daher auch mal frustriert bin. Ich fühle mich auch deshalb manchmal schlecht [Herr Freiheitsliebend], weil ich dann nicht die 2. Bundesliga schauen kann. Du weißt, ich liebe Fußball. Und wenn ich dann zum x-ten Mal die Kriegsgeschichten von Tante Tilli hören muss, gibt mir das den Rest. Ich liebe dich und möchte dir entgegenkommen. Wie siehst du das? Was können wir machen?«

Es kann natürlich sein, dass Ihrem Partner wegen Ihres – welch Überraschung – authentischen Kommunikationsstils in einer solchen Situation die Kinnlade runterfällt. Verwirrung entsteht schnell infolge von glasklarer Ehrlichkeit. Grund: Man ist sie nicht gewohnt, denn die übliche Paar-Kommunikation nimmt im Laufe der Zeit starre Strukturen an – und man läuft auf Autopilot.

Jedenfalls, wie auch immer die Reaktionen Ihres Partners aussehen – die Wahrscheinlichkeit, dass sich die Dinge durch »Authentizität mit Fingerspitzengefühl« bessern, ist meines Wissens hoch.

Fazit und Tipps

1. »Unbestreitbar (...) ist, dass eine pluralistische Gesellschaft in uns wohnt«, sagt FRIEDEMANN SCHULZ VON THUN (2002, 46). Der Grund: Im Laufe unserer Kindheit verinnerlichen wir aus entwicklungspsychologischen Gründen Personen bzw. Eindrücke von Personen, mit denen wir zu tun hatten. Relevante Menschen hinterlassen einen »Widerhall« in uns. Hinzu kommen angeborene Potenziale, die das Innere Team komplettieren.
2. Sinnvoll ist es, das eigene Innere Team besser kennenzulernen. Dann ist es wahrscheinlicher, einen stimmigeren Lebens- und Kommunikationsstil zu praktizieren, d. h. glücklicher zu sein.
3. Vor wichtigen Aussprachen mit Ihren Liebsten können Sie mithilfe von Visualisierungstechniken Ihr Inneres Team skizzieren und danach eine Konferenz einberufen. In dieser sind Sie »Herr im Haus« und moderieren die Beiträge Ihrer Teammitglieder. Und Sie schlagen Kompromisse vor.

Alltagskommunikation

Selbsteinsicht führt meistens nicht nur zu einem authentischeren Lebensstil, sondern auch zu einer zufrieden stellenden Kommunikation im Alltag. Experten wissen: Die Qualität der meisten Unterhaltungen, die jeden Tag millionenfach geführt werden, könnte besser sein. Nun gilt als vielfach bestätigt: Erfahren Menschen in Beziehungen keine oder wenig verständnisvolle, einfühlsame Kommunikation, werden sie aller Wahrscheinlichkeit nach über kurz oder lang unglücklich. Schließlich haben wir alle Grundbedürfnisse, die berücksichtigt werden wollen, vor allem Anerkennung, Nähe, Liebe usw. Solche Sehnsüchte bleiben oft auf der Strecke.

Der herkömmliche Kommunikationsalltag ist oft grausam

Es ist kein Geheimnis, dass Menschen, obwohl sie dieselben Worte benutzen, himmelweit aneinander vorbeireden können. Dies passiert auch und erstaunlicherweise gerade dort, wo Beziehungen einen sehr intimen Charakter haben: in der Familie bzw. Zweierbeziehung.

Warum reden wir sooft aneinander vorbei? Kurz gesagt: weil menschliche Kommunikation selten klar verständlich, sondern vielmehr vielschichtig und komplex ist. Ein lapidares Beispiel: So manche Ehefrau, die in Erfahrung bringen will, was in ihrem eher gefühlskargen Partner vor sich geht, weiß aus leidiger Erfahrung, dass eine Antwort wie: »Nein, Schatz, es ist nichts« eigentlich vermitteln will: »Lass mir meine Ruhe, ich löse meine Probleme selbst!« Der Sprachalltag besteht aus zahllosen Phänomenen dieser Art.

Ein echtes Problem ist aber das denkbare Gewaltpotenzial von Kommunikation. Wir können sogar – welch Hohn eigentlich – Mitmenschen verletzen, wenn wir ihnen *unsere* unberücksichtigten Gefühle und Bedürfnisse mitteilen. Ehetherapeuten wissen ein Lied hiervon zu singen. – Der Grund liegt darin, dass viele Partner (in schlechter Gemütsverfassung) meist keine »gewaltfreien« Ich-Botschaften senden, die Aufschluss über das innere Befinden des Senders vermitteln; gewaltfreie Selbstoffenbarung wird schlicht und einfach im Allgemeinen nicht erlernt. Üblicherweise werden bei Unmut unvorteilhafte Du-Botschaften konstruiert, die beim Anderen entweder »bombenartig einschlagen« oder seine Abwehr provozieren – beides ist nachteilig. Die Folge: Pingpong-Gespräche, die keine Lösung bringen. Und die klingen dann so: »Du hast doch damals damit angefangen!« – »WAS!? Ich, nee Du!« – »Nee, Du!« usw.

Wir können übrigens deshalb so gut andere mit Worten verletzen, weil wir destruktive Killerphrasen von früh auf gehört und verinnerlicht haben, sowohl durch Erziehung und gesellschaftliche Sozialisation (Kindergarten, Schule usw.) als auch durch die Medien, die ja jedes Jahr mehr Gewalt thematisieren.

Irgendwann werden Killerphrasen dann ohne Reflexion großzügig verteilt. So kommt es, dass viele Paare und Familien in Kommunikationsteufelskreisen gefangen sind, ohne es zu merken. Und das kann schlimme Folgen nach sich ziehen. Nicht selten sind z.B. die Auswirkungen einer kommunikationsgestörten Zweierbeziehung: aufkommende Frustrations-Aggression (auf Grund von Missverständnissen), Gewalt, psychosomatische Beschwerden, Sadismus usw.

Es ist kein Zufall, dass beispielsweise Gesprächstherapeuten ihren Klienten vor allem Einfühlungsvermögen, Toleranz und Echtheit offenbaren; Kommunikationsteufelskreise lassen sich so aufbrechen. Auch werden bestimmte Techniken angewendet – und die will ich Ihnen im Folgenden darstellen.

Kommunikationstipps

Wenn es im zwischenmenschlichen Alltag mal nicht rund läuft, sollte man darauf achten, nicht in die eben angedeutete Kommunikationsspirale zu geraten, in welcher sich die beiden Parteien gegenseitig diskreditieren und somit emotional aufschaukeln. Dies geschieht leicht, wenn man Anschuldigungen und Drohungen ausspricht. Verzichten Sie also bewusst auf Killerphrasen wie »Du hast doch schon immer …«, »Wenn du das machst, passiert das und das«, »Du bist nie …«, »Du bist doch bescheuert …« usw. Dadurch drängen Sie den Anderen nur in die Ecke – und das wird er nicht lange mit sich machen lassen. Gewalt erzeugt Gegengewalt, das war schon immer so. Probieren Sie lieber mal authentische Ich-Botschaften aus. Konzentrieren Sie sich auf *Ihre* verletzten Gefühle und unberücksichtigten

Bedürfnisse. Wer sich entsprechend feinfühlig gibt, also sich offenbart, erhält irgendwann ein entsprechendes Echo. Statt »Du gehst fremd!« könnte man wahrheitsgemäß meinen: »Ich habe Angst davor, dich zu verlieren.« Verzichten Sie auf: »Immer gehst du mit deinen Freunden weg, nie mit mir.« Effizienter ist auch eine ehrliche Aussage wie: »Ich bin unglaublich frustriert, weil wir in den letzten zwei Wochen nicht gemeinsam unterwegs waren.«

Die authentische Selbstoffenbarung ist natürlich noch nicht alles. Auch das (aktive) Zuhören will gelernt sein. Wenige sind dazu imstande. Wer einige Kleinigkeiten berücksichtigt, kann dem Anderen zu mehr Selbstoffenbarung verhelfen. Dies ist für ihn gewöhnlich, emotional gesehen, sehr befreiend und wird die Verständigung infolgedessen positiv prägen.

Unterstützen Sie also die Ausführungen Ihres Gesprächspartners, indem Sie Akzeptanz vermitteln. Streuen Sie unterstützende Äußerungen ein, etwa: »Aha«, »Hm«, »Ja«, »Okay«, »Gut«. Auch ist es sinnvoll, zwischendurch die Aussagen, die man aufgenommen hat, für den Anderen zusammenzufassen. Denn es kann sein, dass er sich immer noch nicht konkret genug dargestellt hat. Also vielleicht so: »Wenn ich dich richtig verstehe, bist du eifersüchtig, wenn ich mit Thomas und Mathias jeden Samstag ins Stadion gehe. Sehe ich das richtig?« – Antwort: »Ja, weil ich (...)«

Auf diese Weise kommt mehr und mehr ans Licht, was eigentlich unausgesprochen ist. Die Paar-Kommunikation wird dadurch authentischer – was wiederum beide glücklicher macht.

Fazit und Tipps

1. Die Alltagskommunikation ist selten authentisch. Negative Gefühle und unberücksichtigte Grundbedürfnisse werden häufig dem Anderen nicht neutral mitgeteilt, sondern oft in negativ klingende Du-Botschaften »verpackt«.

2. Es lohnt sich, Ich-Botschaften zu senden, die dem Gesprächspartner Aufschluss über das eigene Innenleben geben, etwa: »Schatz, ich brauche erst mal 20 Minuten für mich, bin gerade gestresst; danach möchte ich gerne mit dir reden.«
3. Auf der anderen Seite kann man das Gegenüber zu mehr Selbstklärung und Authentizität animieren, indem man aktiv zuhört und die Aussagen des Gesprächspartners spiegelt. Aber spielen Sie bitte nicht »Kommunikationspolizei« (»Jetzt sprich doch mal per Ich!«), das verfehlt das Ziel.

Erworbene Vorurteile

Albert Einstein kam einmal zu dem Schluss: »Es ist einfacher, ein Atom zu zertrümmern, als Vorurteile abzubauen.« Bereits diese Einsicht lässt auf einen großen Menschenkenner schließen. Auch der Begründer der Relativitätstheorie war sich darüber im Klaren, was die möglichen Folgen von negativen Vorurteilen gegen »*die* Anderen« sind. 1932 kehrte der jüdische Wissenschaftler Deutschland den Rücken – öffentliche Anfeindungen gegen seine Person waren der Grund. Er gehörte halt zu »den Anderen«.

Nun, Sie werden es selbst wissen: Durch Voreingenommenheit kommt es oft zu schwerwiegenden sozialen Problemen im Kleinen (Mobbing, Rassismus oder Sadismus im Beruf, in der Nachbarschaft und Gemeinde) und Großen (Staatskrisen, Krieg und Völkermord).

Jeder Mensch hat Vorurteile gegen bestimmte Personen, Gruppen oder Nationen, weil sie notwendiger Bestandteil des Denkens sind und durch Lernprozesse im Laufe des Lebens psychisch verinnerlicht wurden. Es scheint darüber hinaus eine angeborene Abneigung gegen »das Fremde« zu geben. Dafür spricht einiges:

- Es ist wahrscheinlich kein Zufall, sondern erblich bedingt, dass Babys irgendwann fremdeln, obwohl sie gar keine schlechten Erfahrungen mit den betreffenden Erwachsenen gemacht haben.
- Für viele einfach strukturierte Menschen ist »Ausländerfeindlichkeit« ebenso »selbstverständlich« wie auch die Abneigung gegenüber Minderheiten, Andersdenkende und sonstige »Auffällige« im sozialen Umfeld.

Das Schubladendenken ist wahrlich zunächst ganz normal und verständlich. Jederzeit »Schubladen« zu konstruieren, gehört zu den automatischen Arbeitsweisen unseres Gehirns (FÖRSTER 2007). Prinzipiell sind Kategorisierungen nützlich. Durch Vorurteile erhält unsere Umwelt Ordnung, Struktur, und dadurch wird unser aller Leben einfacher. Überlegen Sie mal: In jedem Moment strömen tausende Sinnesreize auf uns ein. Wir wären vollkommen überfordert, desorientiert, würde unser Gehirn nicht vorab die Informationsflut in Hinsicht auf ihre Relevanz für unser Dasein vorfiltern, d.h. die Wahrnehmungen in verschiedene Schubladen Namens »wichtig«, »sehr wichtig« oder »unwichtig« einsortieren. Irrelevante Reize tauchen entweder sofort in diejenigen Hirnregionen ab, die für unbewusste Prozesse verantwortlich sind, oder werden einfach »ausgeblendet« (WILSON 2007). Wir nehmen die Umwelt selektiv wahr.

Beispiel: Ein Steakmesser, das mir von einer Bedienung in einer Gaststätte überreicht wird, ist sicherlich eine harmlose Angelegenheit; sie bringt mich noch nicht mal zum Nachdenken (es sei denn, das Besteck ist nicht sauber). Eine solche Situation wird schon vorauseilend – und freilich für das Ich unbewusst – vom Gehirn als bedeutungslos eingestuft. Anders sieht es aus, wenn ein ähnliches Messer in der Hand eines Unbekannten liegt, der mit einem irren Funkeln in den Augen zielstrebig auf mich zuläuft. In diesem Fall würde ich vermutlich ohne nachzudenken handeln (siehe Abschnitt *Umgang mit Stress*).

Wenn es extrem wird

Doch von solchen nützlichen Ausnahmen einmal abgesehen: Die Nachteile des Vorfilterungsmechanismus überwiegen in manchen Situationen, wie wir oben schon angedeutet haben. Besonders gefährlich wird es, wenn Vormeinungen sich verfestigen und nicht mehr hinterfragt werden. Diese Entwicklung ist zunächst ganz normal; unser Gehirn läuft im Alltag aus ökonomischen Gründen auf »Sparmodus«. Es scheint uns entsprechend zu sagen: »Bei jeder neuen zwischenmenschlichen Begegnung reflektieren, sprich geistige Arbeit leisten? – Nein, nein, das würde viel zu viel Stoffwechselenergie verbrauchen!« Entsprechend macht man sich (zu) wenige Gedanken, genauer gesagt: die falschen, wenn unbekannte Menschen auftauchen. Wir beurteilen nämlich die anderen automatisch nach ihrem Aussehen, ihrer Körpersprache, ihren ersten Sätzen, die sie sagen, und wir ordnen sie verschiedenen Gruppen zu. Diese Gruppen haben Namen wie »*die* Blondinen«, »*die* Ausländer«, »*die* Spießer«, »*die* Banker« usw.

Es bleibt übrigens nicht nur bei Meinungen; denn Vorurteile haben immer auch einen »emotionalen Unterton«. Daher verwundert es nicht: Wir bringen unseren Mitmenschen im Alltag *immer* auch Sympathie, Desinteresse oder Antipathie entgegen.

Die Qualität des Gefühls hängt von der eigenen Stimmung ab, und vor allem davon, mit welchen *erlernten* Vorurteilen wir den jeweiligen Vertreter der Gruppe – unbewusst – in Verbindung setzen. Nachteilig für den Anderen ist, dass er oft gar keine Chance erhält, unser Urteil und das daraus resultierende Verhalten ihm gegenüber zu verändern. Vorurteile scheinen sich nämlich fatalerweise aus unseren Augen immer wieder zu bewahrheiten. Dass dieses Geschehen aber auf das Konto unserer selektiven Wahrnehmung geht, sehen wir gewöhnlich nicht.

Voreingenommenheiten scheinen deshalb immer wieder zu »stimmen«, weil sich Betreffende gegenüber »den Anderen« so verhalten, sodass Letztere unbewusst zu Handlungen motiviert werden, die mit dem Vorurteil übereinstimmen. Das lässt sich im Alltag oft beobachten. Wer etwa »die Blondinen« doof findet, wird entsprechende Frauen häufig – und unbewusst – auf eine bestimmte, ja manchmal heimtückische Weise ansprechen oder behandeln, sodass sie aus seiner Sicht auch »doof« reagieren. Oder: Personen, die ihren Nachbarn aufgrund seines Ersteindrucks nicht leiden können, werden ihn durch offensichtliche oder unterschwellige Abneigung zu einer »passenden Reaktion« animieren. Auf diese Weise werden Teufelskreise kreiert und gleichzeitig zementiert.

Bat out of hell

Ich erinnere mich an ein entsprechendes Erlebnis. Vor einigen Jahren besuchte ich mit meiner damaligen Freundin ein Rockkonzert in Saarbrücken. Meat Loaf standen auf dem Programm. Wir trafen dort einige Bekannte von ihr. Allesamt Saarländer. Ein längeres Gespräch ergab sich, ich machte ein bisschen Small Talk mit einem sympathisch auftretenden Typen Anfang 20. Wir unterhielten uns über Fußball. Irgendwann fragte er mich: »Und – wo kommst du ursprünglich her?« – »Kaiserslautern«, erwiderte ich unbedacht, während ich gerade auf die Bühne schielte. Er sah mich von jetzt auf gleich derart geschockt an, als hätte ich ihm eine schlimme Krankheit gebeichtet. »Was!? Ä Pälzer?! Gott nää. Schon widder so en arrogante Tüp!«

Diese »Erkenntnis« stellte gleichzeitig das Ende der Unterhaltung dar. Ich gab ihm aber noch mit auf den Weg: »Der Geburtsort sagt nichts über den Charakter aus!« Klar, verschwendete Energie. Schade!

Sie sehen, eine *einzige* Information, die nun wirklich irrelevant ist, kann eine eigentlich anregende Begegnung ruckzuck beenden bzw. kippen lassen. Rückblickend hätte ich nur sagen müssen: »Homburg.« Dann wäre alles in Butter gewesen. Denn ich hätte zu »ihnen«, zu »den Saarländern« gehört. Da ich aber bei meinen pfälzischen Wurzeln blieb, löste ich bei meinem Gesprächspartner seine erworbenen negativen Vorurteile gegen »die Pfälzer« aus. Eigentlich verrückt, oder? Tja, aber so irrational läuft es unzählige Male im Alltag ab. Daher haben Vorurteile eher den Status von Glücksbremsen.

Vorurteile sind häufig Ausdruck verschiedener menschlicher Bedürfnisse

Oben haben wir festgehalten, dass unser Gehirn die permanente Informationsflut aus der Außenwelt u.a. mithilfe von Vorurteilen kategorisiert, um ein gedankliches Chaos zu vermeiden. Es gibt noch andere Funktionen:

> *Stabilisierung des Selbstwertgefühls.* – Wer viele Vorurteile gegen andere hat, wehrt naturgemäß »das Fremde« ab und festigt dadurch gleichzeitig sein eigenes Wertesystem. Die Richtigkeit der eigenen Weltsicht steht für viele außer Frage, weil sie infolge von *familiären* Einflüssen entstanden ist. Und die Meinungen der Eltern sind für viele oft das Maß aller Dinge! Auf der anderen Seite schützen manche ihr Selbstbild, indem sie Neid auf andere, der angeborenerweise immer mal wieder sein Haupt erhebt, durch Mobbing, latent-aggressive Nichtbeachtung und üble Nachrede verarbeiten.

- *Die Gruppe, der man angehört, wird durch Voreingenommenheiten aufgewertet.* – Vorurteile gegen das Nachbardorf, die -stadt, das -land, stabilisieren die eigene Dorf-, Stadt- bzw. Landeszugehörigkeit. Stichwort: *Gemeinsam sind wir stark.* Und natürlich ist die Gruppe, der man angehört, »besser« als die andere. Logisch. Besonders bei Massensportveranstaltungen kommt dieser Mechanismus zum Ausdruck.
- *Frustrations-Aggressionsabbau.* – Es ist kein Geheimnis, sondern eher die Regel, dass es in vielen Kleingruppen, d.h. in Beruf, Freizeit und manchmal auch in der Familie, einen Sündenbock gibt. Anscheinend wirkt es für manche emotional entlastend, wenn Mitmenschen zu Prügelknaben degradiert und entsprechend behandelt werden. Es verwundert daher auch keinen Menschenkenner, wenn die Anderen nachteilig über ihn reden – das ist tatsächlich »normal« und meistens gar nicht persönlich gemeint.

Fazit und Tipps

1. Vorurteile spielen im Alltag eine große Rolle, weil sie positive wie negative Gefühle gegenüber Mitmenschen auslösen. Leider werden sie sehr selten hinterfragt.
2. Da jeder Mensch Vorurteile hat, ist jeder auch mal »Opfer« von Voreingenommenheiten – aber auch »Täter«. Weil man Gefahr läuft, bestimmte Menschen durch vorauseilende Antipathie zu vergraulen, sollte man sich nicht auf den ersten Eindruck verlassen. Dieser ist nämlich meistens eingetrübt durch die eigene Wahrnehmungsbrille.
3. Es schadet nicht, seinen eigenen Vorurteilen auf den Grund zu gehen. Zum einen können nachteilige Erfahrungen mit bestimmten Personen dazu führen, dass man plötzlich »die« Lehrer, Blondinen, Bürokraten, Banker usw. über einen Kamm schert, d.h. mit negativen Voreingenommenheiten belegt. Auf der anderen Seite sind auch Kultur, Erziehung,

soziales Milieu, Medieneinflüsse und Vorbilder an der Ausprägung von Vorurteilen beteiligt.

4. Wenn Sie konkrete Ursachen für bestimmte irrsinnige Meinungen finden, können Sie sich in Zukunft in Hinsicht auf Intoleranz bremsen und dem Anderen bewusst offen begegnen.
5. Wenn Sie das Gefühl haben, Ihnen wird von bestimmten Menschen übel mitgespielt, etwa im Beruf, kann es sinnvoll sein, persönlichen Kontakt herzustellen. Erwiesenermaßen lassen sich viele Vorurteile durch Gespräche mit den Betreffenden beilegen.
6. Vorurteile sagen häufig etwas über ihren Urheber aus. Sollten Sie daher dann und wann dumme Sprüche über sich hören, machen Sie sich bewusst: »Er/sie meint nicht mich als Person, sondern lässt sich nur von seinen Vorurteilen leiten.« Das kann zu mehr Gelassenheit führen.

Authentisch sein

Glück und Lebensfreude können nur gewonnen werden, wenn das Selbst nicht untergeht.

Josef Rattner und Gerhard Danzer

Ich denke, *also bin ich.*

René Descartes

Ich fühle, *also bin ich.*

Ludwig Feuerbach

Selbsterkenntnis, Authentizität und Glück – diese drei Dinge hängen unmittelbar miteinander zusammen. Im Guten wie im Schlechten. Tatsächlich ist es so, dass Selbst-Unkenntnis entgegen des Vorurteils so manchen Nachteil mit sich bringt:

1. Betroffene sind infolge von Selbstentfremdung häufiger Spielball ihrer Stimmungen und Gefühle, was so gut wie immer zu Problemen führt.
2. Sie sehen selten ihren eigenen Anteil an Konflikten und meinen vielmehr vorauseilend, der andere sei maßgeblich dafür verantwortlich, müsse sich ändern usw. Solche Auffassungen sorgen natürlich für dauerhaften Stress mit dem sozialen Umfeld.
3. Außerdem ist es kein Geheimnis: Menschen, die sich nicht gut kennen, wissen auch wenig über ihre wahren Bedürfnisse, was ebenfalls eine echte Glücksbremse ist.

Die Tatsache, dass authentische Menschen bewusster durchs Leben gehen und infolgedessen häufiger glücklich sind, ist keineswegs eine Erfahrung der Neuzeit. Schon *Sokrates* hat sie klar gesehen, er hat sich ausführlich mit Selbstfindung, Erkenntnis und Moral befasst. Sie kennen seinen bekannten Wahlspruch: »Erkenne dich selbst«.

Die Suche nach dem Ich?

Das Ziel ist klar, und die Wege zur Selbsterkenntnis sind anscheinend zahlreich, schenkt man dem Zeitgeist Glauben. Manche brechen aus heiterem Himmel alle Zelte ab, beenden sämtliche Beziehungen und reisen in die einsamsten Regionen der Erde, um ihr »Ich« zu finden. Es stellt sich hier die Frage: Ist das effizient oder geht das an der eigentlichen Angelegenheit vorbei? Hirnforscher würden sicherlich sagen: Das bringt rein gar nichts. Denn das fundamentale Problem der menschlichen Existenz, das wir zu Beginn der Auseinandersetzungen skizziert haben, bleibt bei solchen Vorgehensweisen völlig unangetastet. Ich möchte es noch einmal aufgreifen.

Bewusstes und unbewusstes Selbst

Nachweislich entstehen die unbewussten Anteile unseres »Ich«, die bekanntlich auch unseren Lebensstil im Hier und Jetzt prägen, lange Zeit vor den bewussten. Sie erinnern sich: Zunächst entwickeln sich – bereits im Bauch der Mutter – *emotionale* Hirnareale. Später kommen dann diejenigen hinzu, die für Verstand, Logik und Vernunft zuständig sind.

Hieraus folgt: Im Erwachsenenalter sind uns unsere persönlichen Glücksbremsen-Entwicklungen, speziellen Prägungen, die in den ersten Lebensjahren passierten, unbekannt, weil sie in der »vorsprachlichen Zeit« verortet sind.

Einige Hinweise auf dieses Dilemma finden wir in folgenden Beispielen:

- Wir sind uns z.B. schon darüber im Klaren (»bewusstes Denken«), vielleicht durch ein Seminar zum Thema Gelassenheit, dass eine blöde Bemerkung des Kollegen oder Nachbarn *eigentlich* belanglos ist. Sie sagt ja meistens nur etwas über den Anderen aus. *Trotzdem* ärgern wir uns immer wieder aufs Neue – und wissen nicht, warum. Möglicherweise liegen die Ursachen in der Phase unserer vorsprachlichen Entwicklung (»unbewusst«).
- Wir bemühen uns um Anpassung und Friedfertigkeit (»bewusst«), wenn wir mit Menschen zu tun haben, die wir nicht mögen, aber trotzdem mit ihnen auskommen müssen. Und doch geben wir ihnen häppchenweise nicht-wissend via entsprechender Körpersprache zu verstehen: »Ich kann dich nicht leiden« – was wiederum »unbewusst« ist.
- Felsenfest sind manche davon überzeugt, *keine* Vorurteile zu haben (»bewusst«). Tatsächlich aber spüren Betreffende eine ausgeprägte Abneigung, wenn Sie mit bestimmten Personengruppen zu tun haben. Diese Antipathie geht manchmal auf gesellschaftliche Programmierungen in der Kindheit durch Bezugspersonen oder Medien zurück (»unbewusst«).

Fazit: Wir bestehen aus »unbewussten-« und »bewussten Ich-Inhalten«. Eine scheinbar unüberwindbare Grenze trennt beide Bereiche. Das ändert aber nichts daran, dass beide Potenziale Denk- und Handlungsimpulse freisetzen, die wir jeden Tag auch praktisch umsetzen. Mal »steuert« der eine Bereich unser Denken und Verhalten, mal der andere.

Nur aus dieser neurowissenschaftlichen Perspektive ist es übrigens nachvollziehbar, dass beispielsweise ein gebildeter Mensch sich selbst als gewissenhaft, gerecht und moralisch beschreibt (»bewusster Ich-Inhalt«), aber tatsächlich rechthaberisch und gehässig vor sich hinwerkelt und etwa seine

Mitarbeiter drangsaliert (»unbewusster Ich-Inhalt«). In diesem Fall könnte man annehmen, dass sein »unbewusstes Ich«, welches aus irgendwelchen Gründen entsprechende sadistische Tendenzen beinhaltet, im Beruf meistens die Oberhand hat. Entsprechende »populär-schizophrene« Phänomene kann wohl jeder in seinem eigenen Freundes-, Bekannten- und Verwandtenkreis beobachten. Auf unser Thema bezogen bedeutet das: Wir leben nur authentisch, wenn wir imstande sind, »unbewusste-« *und* »bewusste Ich-Inhalte« unter einen Hut zu kriegen.

Wenn der Lebensplan in die Irre führt

Wie können wir unsere Ich-Zustände aufeinander abstimmen, gar weitgehend zusammenfügen? Entsprechende Kompromisse würden uns zweifellos zu mehr Authentizität verhelfen. Gehen wir Schritt für Schritt vor. Zunächst einmal ist es ratsam, eine Bestandsaufnahme seines »bewussten Ich« vorzunehmen. Dieser Teil unseres Selbst besteht vor allem aus uns zugänglichen Programmierungen, die wir in der Kindheit und Jugend erfahren haben. Psychotherapeuten nennen solche »Stempel«, aus denen späterhin Handlungsimpulse, Lebensstile bzw. Idealvorstellungen entstehen, u.a. »Schemata«. Ein solches Schema kann heißen »Du musst im Leben erfolgreich sein«; oder auch »Du bist besser als die anderen«. Nehmen wir kurzerhand mal an, diese beiden Schemata wären dominante Anteile Ihres »bewussten Ich«. Ich habe vor einigen Jahren einmal mit einem Klienten gesprochen, der von diesen Schemata maßgeblich geleitet wurde.

Fallbeispiel 1: Klaus ist auf den ersten Blick ein eloquenter »Manager-Typ« Mitte 40. Er hat eine sportliche Figur und ein ansprechendes Erscheinungsbild. Wir treffen uns in einem Wormser Café und kommen schnell in ein persönliches Gespräch.

Er war, so erzählte er freimütig, von Kindheit an sehr darum bemüht, seine Mitmenschen zu übertrumpfen. Im Alter von 34 hatte er es schließlich geschafft, sich entsprechend zu »verwirklichen«. Den dafür notwendigen Aufwand konnte er erfolgreich betreiben, weil er in seiner gleichaltrigen Partnerin, die er mit 30 heiratete, eine starke Schulter fand. Irgendwann war es dann soweit: »Am schönsten Tag meines Lebens nahm ich einen Job in der Führungsetage einer Investmentbank an. Ich war am Ziel meiner Träume!«

Doch der Traumjob hatte auch seine Schattenseiten, wie sich herausstellen sollte. Er musste bald darauf ein immenses Arbeitspensum ableisten und hatte irgendwann so gut wie keine Freizeit mehr. Das belastete die Beziehung zu seiner Frau. Seine Ehe ging aufgrund seiner permanenten Gereiztheit zu Hause letztlich sogar in die Brüche. Die Lebensgefährtin zog die Reißleine. Zweifellos war er zu viel negativem Stress ausgesetzt, den er irgendwann nicht mehr verarbeiten bzw. ausgleichen konnte. Seine Meinung zur gescheiterten Ehe lautet: »Egal! Wer braucht schon eine feste Beziehung!?«

Trotz dieser machohaften Auffassung (bewusster Ich-Inhalt) schritt nach der Trennung der vorher schon beginnende Burnout stetig voran. Die starke Schulter war nicht mehr da. Selbst zahlreiche Techtelmechtel mit glamourösen Frauen konnten nichts mehr kitten. Zudem verfiel er dem Zigaretten- und Alkoholmissbrauch. Das ganze Dilemma endete schließlich abrupt. Er wurde wegen zu hoher Fehlzeiten gekündigt. Der Raubbau, den er mit seinem Körper betrieb, rächte sich. Es folgte ein stationärer Aufenthalt in einer Suchtklinik.

Als wir uns im Sommer 2006 trafen, war er bereits wieder berufstätig. Allerdings in einer bescheidenen Funktion. Der berufliche Erfolg war ihm mittlerweile egal. Als viel wichtiger schätzte er seine neue Beziehung ein. »Mira ist wie meine Ex, eine starke Schulter zum Anlehnen. Insofern hat sich der ganze Schlamassel doch gelohnt: ich habe gemerkt, auf was es mir wirklich ankommt«, resümierte er.

An diesem Beispiel sieht man, wie ausgeprägte Selbst-Unkenntnis mit einem scheinbar »gesunden Menschenverstand« einhergehen kann. Klaus hatte vor seinem Zusammenbruch das ganze Leben von seinen antrainierten Karriere-Schemata bestimmen lassen. Daneben übte aber – für ihn unbemerkt – zumindest ein »unbewusster Ich-Inhalt« Einfluss auf sein Leben aus. Nennen wir dieses Schema mal »Ich brauche unbedingt zwischenmenschliche Nähe«. Dieses *sehr* wichtige Motiv konnte er in seiner Ehe ausleben. Als er infolge der Karriere aber von seiner Frau verlassen wurde, brachte ihn die berufliche Belastung so richtig in die Bredouille. Sein unbewusstes existenzielles Bedürfnis nach einer tief gehenden Beziehung wurde übergangen. Und das hat ihn dann zu Fall gebracht. Zu guter Letzt, so muss man sagen, hat der Zusammenbruch ihm zu einer besseren Selbsteinschätzung verholfen.

Wege der Selbsterkenntnis

Unser »bewusstes Selbst« ist nur die eine Seite der Medaille. Wer mehr Glücksmomente im Alltag erleben will, sollte seine Ganzheitlichkeit näher kennenlernen. Es dreht sich demnach um die spannende Frage: Sind meine »unbewussten Ich-Inhalte« ausreichend in mein aktuelles Leben integriert? Es gibt meistens spezielle Hinweise darauf, dass dem nicht so ist. Diese sind leicht erkennbar. Psychosomatische Beschwerden, häufige Depressionsschübe, Angstzustände aus heiterem Himmel, Gereiztheit, Schlaflosigkeit, Unruhe – das alles kann auf einen Lebensstil hindeuten, der Ihren »unbewussten Ich-Inhalten« nicht gerecht wird.

Nehmen wir nun einmal an, einige der eben genannten Symptome lägen vor und sie würden tatsächlich auf unberücksichtigte »unbewusste Ich-Inhalte« verweisen. Wie komme ich *sprachlich* bzw. verstandesmäßig heran? Schließlich sind sie unbewusst! Es gibt einen Weg zu unseren nicht-sprachlich zugänglichen Persönlichkeitsanteilen. Denn erfreulicherweise offenbart sich das »unbewusste Selbst« alltäglich, und zwar mittels *Gefühle*.

Selbsterkenntnis ist u. a. eine Sache der Achtsamkeit. Sie sollten Ihr Unbewusstes lediglich mit vielen Eindrücken aus der Außenwelt »füttern«. Es wird Ihnen *emotional* spontan zu verstehen geben, was es davon hält. Das emotionale Zentrum Ihres Gehirns (u. a. Amygdala, Hirnstamm) bewertet, wie wir gesehen haben, mittels Gefühle alle Informationen. Noch einmal zur Erinnerung: Im emotionalen Zentrum finden wir u. a. vor: frühkindliche Prägungen, archaische und infantile Antriebe wie Macht-, Sicherheits- und Bindungsstreben, negative Erfahrungen mit bestimmten Objekten, Angstkonditionierungen.

Selbstbeobachtung ist wichtig, um seine wahren Gefühle, die bei den großen Lebensthemen Beruf, Partnerschaft und Freizeit immer mitschwingen, genau wahrzunehmen. Was dabei sehr hilfreich ist: Führen Sie ein sogenanntes Gefühlstagebuch. In diesem kann man etwa notieren: »Habe mich beim letzten Meeting frustriert gefühlt, weil mir der Chef wieder mal voll in die Parade gefahren ist« o. Ä. Nach wenigen Wochen werden so wahrscheinlich bestimmte Zusammenhänge offensichtlich, die Ihnen vorher nicht präsent waren, etwa: »Ich fühle mich in meiner Position eigentlich gar nicht gut.«

Hilfreich kann auch sein, sich in einer ruhigen Minute ungestört den üblichen Tagesablauf vorzustellen. Unbewusste Ich-Anteile werden auch dann gefühlsmäßig zu bestimmten Situationen Stellung beziehen. Für unsere niederen Hirnareale macht es keinen Unterschied, ob wir reale Erfahrungen machen oder ob wir an etwas Bestimmtes denken. Daher sollte man vor wichtigen Entscheidungen verschiedene Zukunftsbilder konstruieren und dabei auf seine Intuition achten, schließlich wird jene ja vor allem von unbewussten Ich-Inhalten gespeist.

Kurioserweise können auch *bevorzugte Medieninhalte* Auskunft über unser unbewusstes Selbst geben. Wer z.B. gezielt und sehr häufig romantische Filme und Musik konsumiert, erlebt vielleicht nicht genug Bindung und Romantik in der aktuellen Partnerschaft; oder er leidet unter fehlenden sozialen Beziehungen. Ein übermäßiger Konsum von Gewaltfilmen oder entsprechenden Internetseiten andererseits kann ein Hinweis auf eine zu starke Unterdrückung von Frustrationen im Alltag sein. Vielleicht ist eine Ursache hierfür ein antrainierter Ich-Inhalt wie »Ich muss jederzeit funktionieren und darf keine Fragen stellen«. Dann könnte man es mal mit Kampfsport versuchen, selbst wenn das »bewusste Ich« spontan protestiert mit: »Ich bin doch nicht aggressiv – nein, nein, ich bin ein ganz Lieber!«

Nur wer bereit ist, sein »unbewusstes Selbst« unvoreingenommen zu erforschen, kann authentischer und somit glücklicher werden. Infolge der Reduktion der inneren Widersprüche wächst Ihre Persönlichkeit. Und so ganz nebenbei wird man sogar empfänglicher für die eigenen unbewussten Manipulationsversuche im Alltag – auch die Mitmenschen werden schneller durchschaut. Darum soll es nun gehen, um praktische Menschenkenntnis.

Schluss mit den Manipulationen!

»Spiel keine Spielchen mit mir!« – Dieser Satz ist schon vielen Menschen über die Lippen gekommen. Mir auch. Ich hörte ihn aber auch schon häufig. Damit will man meistens sagen, dass man den Anderen durchschaut, genauer gesagt, seinen Manipulationsversuch bemerkt hat.

Tatsächlich sind solche unliebsamen »Spiele« aus dem Alltag nicht wegzudenken. Der Psychiater Eric Berne (1910–1970), der Begründer des psychotherapeutischen Verfahrens *Transaktionsanalyse*, hat auf diesem Gebiet wahrhaftig Großes geleistet. Er trieb die wissenschaftliche Menschenkenntnis enorm voran. Um nachzuvollziehen, wieso die meisten Psychospiele effiziente Glücksbremsen sind und viel Leid verursachen, müssen wir uns die tiefer liegenden »Spielregeln« einmal genauer anschauen (u.a. nach Rautenberg & Rogoll 2008).

Zunächst einige Worte zum Manipulationscharakter. In einem Psychospiel geht es dem aktiven Part darum, diejenigen Anliegen oder Bedürfnisse zu befriedigen, die vorwiegend in seinem »unbewussten Selbst« verortet sind. Man kann eigentlich so gut wie immer davon ausgehen, dass Psychospiele *unbewusst* provoziert werden. Entsprechende Arrangements haben für den Gesprächspartner einen verpflichtenden Charakter, zwingen ihn zu »erwünschten Reaktionen«.

Psychospiele charakterisieren sich ferner durch typische Handlungs- und Gesprächsabläufe. »Opfer« von Psychospielen haben oft den Eindruck von der »alten Leier«, die da gespielt wird. Dabei ist auffällig, dass das, was verbal ausgesprochen wird, so gut wie immer von dem abweicht, was sich im Inneren des Betreffenden abspielt. So gesehen läuft diese spezielle Art der Verständigung auf mehreren Ebenen ab.

Warum spielt man Spiele?

Harmlose Spiele dienen dem Zeitvertreib, überall werden sie gespielt (Berne 1965/2005). Bei denjenigen Spielen jedoch, die leidvolle Konflikte mit dem Umfeld – und mit sich selbst – nach sich ziehen, sind andere Motive als etwa »soziale Kontakte pflegen« offensichtlich. Ein weit verbreitetes Bedürfnis, das in Spielen zum Tragen kommt, ist z.B. *Aufmerksamkeit erregen*. Oft ist es dem Betreffenden egal, ob es sich dabei um positive oder negative Aufmerksamkeit handelt.

Nehmen wir ein Beispiel aus dem Schulalltag. In so gut wie jeder Klasse gibt es einen Schüler, der dem unvermeidlichen Spiel »Versetz mir eins« verfallen ist. Das heißt, er stört auf unterschiedliche Arten häufig den Unterricht und lässt sich durch Disziplinierungsversuche kein bisschen beeindrucken. Denn genau *das* gehört ja zum Spiel. Die Mitschüler lassen sich des Öfteren von seiner Kasperei beeindrucken. Weitere Provokationen folgen. Die ganze Show endet dann gewöhnlich damit, dass er aus dem Unterricht fliegt, einen Verweis kassiert o.Ä. So gesehen hat er es letzten Endes dann doch »geschafft«, schrittweise das Höchstmaß an Aufmerksamkeit zu erlangen. Dass es sich dabei um eine *sehr* negative Aufmerksamkeit handelt, tut nichts zur Sache. Warum spielt er so ein Spiel? Er hat es schon früh erlernt.

Neurotische Spiele wurden bereits in der frühen Kindheit zu *notwendigen* Verhaltensweisen, weil man durch authentische Kommunikation nicht das bekommen hat, was man wollte, z.B. Anerkennung, Beachtung, Zuneigung, Sicherheit, Liebe usw. Spiele sind sozusagen irgendwann schlechte Alternativen zur »spontanen Offenheit« geworden.

Psychospiele sind und bleiben kontraproduktiv, weil sie einen sehr bitteren Beigeschmack hinterlassen.

Beispiele aus dem alltäglichen Spiel-Wahnsinn

»Meins ist besser als deins« – Ziel: Mit diesem Spiel kommt man seinem Bedürfnis nach Anerkennung nach.

Wer »Meins ist besser als deins« spielt, verwickelt diverse Mitmenschen, bekannte wie fremde, in Gespräche, in denen es eigentlich nur darum geht, den Anderen zu diskreditieren, zu übertreffen. Durch Angeberei bzw. Selbstdarstellerei wird das Gegenüber regelrecht dazu gezwungen, Anerkennung und Bewunderung entgegenzubringen.

»Es ist nichts – eigentlich aber doch« – Ziel: Mit diesem Spiel lässt man Frustrationen, die sich im Alltag aufgestaut haben, am Partner aus und erfährt dadurch letztlich emotionale Entspannung.

Dieses Ehe-Spiel wird oft von Männern gespielt, die nicht gelernt haben, über ihre Gefühle zu sprechen. Und das geht so: Fühlt sich das »starke Geschlecht« gekränkt oder verletzt, wird der Betreffende von jetzt auf gleich mucksmäuschenstill und lässt sich seine Stimmung äußerlich nicht anmerken. Auf die von ihm mit Spannung erwartete Frage seiner Frau: »Schatz, ist was?« antwortet er: »Nein, alles okay!« Aber *eigentlich* brodelt es in ihm, was er »durch die Blume« kommuniziert. Die Stimmung wird so sabotiert. Insgeheim bestraft er dadurch seine Partnerin für eine Angelegenheit, die entweder sein Leben oder einen bestimmten Beziehungskonflikt betrifft.

Wie man Spiele der anderen durchschaut und stoppt

Jeden Tag besteht die Gefahr, dass uns von den Mitmenschen derlei Spiele aufgenötigt werden. Es gibt zahllose Spielarten im Alltag, die oben genannten Beispiele sind nur eine kleine Auswahl.

Zunächst einmal muss man sich bewusst machen, dass es sich bei Spielern vorwiegend um Menschen handelt, die aus biografischen Gründen verlernt haben, *konkret* ihre Bedürfnisse zu verbalisieren. Sie *müssen* es »durch die Blume« tun, quasi einen Umweg nehmen, weil sie gewissermaßen »gebrannte Kinder« sind. Wenn Sie diese Tatsache im Hinterkopf behalten, werden

Sie fähig sein, in brisanten Momenten inneren Abstand herzustellen. Auf der anderen Seite sollten Sie beim unfreiwilligen Mitspielen souverän bleiben und nicht dem fatalen Gedanken verfallen: »Womit habe *ich* das jetzt verdient!?« – *Sie* sind ja gar nicht als Person gemeint, sondern sollen ja nur als Mitspieler funktionieren, d. h. eine bestimmte *Funktion* erfüllen.

Woran erkennt man Psychospiele? Wir können von vier verräterischen Auffälligkeiten ausgehen:

1. Die Spiel-Kommunikation weicht stark von einer sogenannten »normalen« Verständigung ab. Es kommt dem Anderen stillschweigend darauf an, Aufmerksamkeit oder Anerkennung zu erhaschen oder Macht auszuüben.
2. Ein Spiel verläuft *einseitig*, d. h., man hat als Gesprächspartner das Gefühl, in eine bestimmte »Ecke« gedrängt zu werden.
3. Als erfahrener Gesprächspartner weiß man bereits zu Beginn, wie die ganze Angelegenheit am Ende ausgehen wird (und man kann scheinbar nichts dagegen tun).
4. Der Spieler wirkt nach dem Prozedere emotional befreit (zumeist auf Kosten des anderen).

Glücklicherweise gibt es effiziente Spielbekämpfungsmethoden. Nehmen wir mal an, Sie müssten alle paar Tage die Spiele »Meins ist besser als deins« und »Es ist doch nichts – aber eigentlich doch« über sich ergehen lassen (s. o.). Sie können zukünftig, wie auch bei allen sonstigen Arrangements, die Sie nerven, Folgendes ausprobieren:

> **Strategie a:** Spielen Sie bis zu einem bestimmten Punkt *bewusst* mit.
> **Strategie b:** Decken Sie den weiteren Spielverlauf auf.
> **Strategie c:** Konfrontieren Sie den Anderen mit den Kosten seines manipulativen Verhalten.
> **Strategie d:** Sprechen Sie direkt das verborgene Bedürfnis des Anderen an.

- **Strategie e:** Schlagen Sie alternative Verhaltensweisen und daraus resultierende Belohnungen vor.

Selbstverständlich bleiben in bestimmten Situationen einige dieser konfrontativen Methoden tabu – wenn der Spieler z.B. Ihr Chef, Ihre Schwiegermutter o.Ä. ist. Es gilt die Faustformel: Je näher Ihnen der Spieler emotional steht und je mehr sie ihn mögen, desto mehr können Sie aus dem Vollen schöpfen!

Hier einige Anregungen:

»Meins ist besser als deins«

- **Strategie a:** Das Spiel mitspielen, d.h., dem Anderen Bewunderung und Anerkennung schenken. Falls es zu extrem wird, suchen Sie das Weite – oder stellen Sie inneren Abstand her.
- **Strategie b:** Decken Sie das Spiel auf, indem Sie aus heiterem Himmel dem Anderen vorhersagen, wie das Ganze weitergehen wird, etwa: »Und jetzt kommt gleich dein exklusives Haus zur Sprache, danach deine Disco, stimmt's?«
- **Strategie c:** Benennen Sie konkret die Kosten seiner Selbstdarstellerei, etwa so: »Ich verstehe, dass es dir jetzt anscheinend sehr auf Anerkennung ankommt; und mit deinem Ton habe ich Probleme, da ich mich jetzt wie ein Loser fühle«;
- **Strategie d:** Verbalisieren Sie seine verdeckte Absicht: »Du möchtest jetzt nur, dass ich dich bewundere, stimmt's?«
- **Strategie e:** Machen Sie dem Gesprächspartner klar, dass er Sie nicht manipulieren muss, um das zu bekommen, was er will, z.B. so: »Hör' zu, ich mag dich sehr – und der Grund ist nicht dein Reichtum, Besitz oder deine Karriere. Ich mag dich, weil du ein netter Kerl bist!«

Mit diesen Tipps können Sie vielleicht dazu beitragen, dass der Andere seine Spiele als solche erkennt und mal auf sie verzichtet.

Auf die Schnelle werden Sie die Dinge nicht zum Positiven hin wenden können. Dafür haben sich Spiele viel zu viele Jahre als erfolgreich herausgestellt. Aber, wie Sie wissen: Der stete Tropfen höhlt den Stein. Insbesondere Abwechslungsreichtum Ihrerseits macht sich bezahlt: Switchen Sie zwischen den unterschiedlichen Strategien hin und her. Es darf auch ruhig mal hoch hergehen; damit der »Spielpanzer« des Gesprächspartners beginnt zu bröckeln. Dafür müssen mal »Funken sprühen«. Das Wichtigste dabei ist: Kommen Sie immer wieder auf die verborgenen Gefühle und Bedürfnisse des Anderen zu sprechen, wenn es ein wichtiger Mensch ist. Denn um ihrer willen werden Spiele ja überhaupt erst gespielt.

Eigene Spiele erkennen, stoppen und durch Authentizität ersetzen

Psychospiele werden, wie bereits angedeutet, in der Kindheit erlernt. Sie sind eigentlich Reaktionen auf bestimmte familiäre Verhältnisse, genauer gesagt, notwendige Hilfskonstruktionen, um menschliche Grundbedürfnisse zu befriedigen. Spiele dienen dazu, mittels eines »Umwegs« ein bestimmtes Ziel zu erreichen.

Wir sollten sie wegen ihres Glücksbremsencharakters stoppen. Um die eigenen »alten Lieder« kennenzulernen, bietet sich – wieder einmal – Biografiearbeit an. Reflektieren Sie über die erlebten Verhältnisse zu Hause. Welche Spiele wurden von den Bezugspersonen gespielt? Welche wurden von Ihnen übernommen? Alleine schon die Auseinandersetzung mit solchen Fragen trägt zur Selbsterkenntnis bei.

Ein weiterer Tipp: Geben Sie Ihren Psychospielen Namen, das macht sie greifbar, verleiht ihnen Struktur. Man kommt nicht drum herum. Das Übel muss an der Wurzel gepackt und »rausgerissen« werden. Denn man muss sich immer wieder bewusst machen, dass wir durch nichtauthentische Manipulationen im Hier und Jetzt meistens den realen Verhältnissen ausweichen, auch Ängsten. Daneben verwirklichen wir erneut »bekanntes Unglück« mit Personen, die nichts dafür können, dass wir diese oder jene Spiele erlernt haben.

Um seiner Spielkultur weiter auf die Schliche zu kommen, darf man sich solchen Fragen widmen: Welche Bedürfnisse in Partnerschaft und Freizeit melde ich auf welche Weise an? Spreche ich sie direkt an? Bitte ich meine Mitmenschen darum, dass sie mir entsprechend entgegenkommen, oder aber verwende ich verdeckte Manipulationen? Wenn ja: welche?

Am Ende dieses Selbsterkenntniswegs kann die Reduktion Ihrer Spielbereitschaft stehen. Verschwindet Ihre Spielkultur, verschwinden u.a. auch nach und nach die zahlreichen Wahrnehmungsfehler im Alltag.

Mitmenschen richtig einschätzen – Wahrnehmungsfehler erkennen

Ob zwischenmenschliche Begegnung im Alltag gelingt, hängt von vielen Faktoren ab. Zweifellos auch davon, welchen Eindruck ich vom Anderen habe. Bereits die ersten Momente entscheiden bekanntlich über Wohl und Wehe. Wie wir im Abschnitt *Erworbene Vorurteile* gesehen haben, interpretieren wir Mitmenschen spontan anhand ihres Erscheinungsbildes und empfinden dabei Sympathie, Antipathie oder Desinteresse.

Der Hirnforscher Joachim Bauer (2007a) hat dieses Phänomen einmal neurowissenschaftlich untersucht. Seine Erkenntnis: Unser Gehirn greift im Alltag u.a. auf bestimmte Einschätzungsmuster (Schemata) zurück, die auf früheren positiven bzw. negativen Erfahrungen beruhen. Das läuft blitzschnell ab. Über fremde Mitmenschen immer wieder neu reflektieren zu müssen, wäre in Hinsicht auf den Hirnstoffwechsel auf Dauer sehr anstrengend und aufwändig, außerdem würde das schlicht und einfach zu lange dauern. In Urzeiten wäre das sicher sehr gefährlich gewesen, ja lebensgefährlich. Heute sorgt das im Alltag für zahllose Fehleinschätzungen, die sehr folgenschwer sind.

Eine andere negative Sache: Fremde Personen erscheinen uns unbewusst häufig in einem »altbekannten Licht«, d.h. sie erinnern uns an andere Personen (siehe Abschnitt *Projektion*). Infolge der selektiven Wahrnehmung, die typisch menschlich ist, wird der Andere meistens falsch eingeschätzt. Ja, so manche Begegnung missglückt letztlich, weil mindestens einer der beiden unwillkürlich zu einem unvorteilhaften ersten Eindruck kommt.

Nun schauen wir uns einige grundlegende Wahrnehmungsfehler bei der Personenwahrnehmung an, die wissenschaftlich gut untersucht wurden. Wir sind alle nicht frei davon. Wer sie mittels Achtsamkeit bemerkt, kann sie bewusst unterdrücken und trägt so wiederum zu mehr Selbsterkenntnis und Authentizität bei.

Halo-Effekt – »Wer schön ist, der ist auch gut«

Dem sogenannten Halo-Effekt gehen viele auf den Leim (engl.: »Halo«, auf Deutsch: »Schein«). Infolge dieses Mechanismus schließen wir, wenn wir auf unbekannte Personen im Alltag treffen, von *äußeren* Merkmalen auf *innere* Eigenschaften, genauer gesagt, auf den Charakter. Das irrationale Motto, dem wir wie selbstverständlich folgen, lautet dann: *Der Schein ist gleichzeitig das Sein.* Sie können sich vorstellen, welche Vor- bzw. Nachteile dieser Wahrnehmungsfehler für anziehende bzw. unattraktive Menschen nach sich zieht.

Ich habe vor Monaten – um wieder mal ein Beispiel aus meinem Schulalltag anzuführen – eine Unterrichtsstunde zu diesem Wahrnehmungsfehler konzipiert. Die Klasse wurde in zwei Gruppen geteilt. Jeder Schüler bekam ein Aufgabenblatt ausgeteilt. Man erfuhr, dass eine gewisse Schülerin (Petra, 16) in der Pause plötzlich in eine Schlägerei verwickelt wurde, in deren Verlauf sie ihrer Kontrahentin eine blutige Nase schlug. Über die näheren Umstände war nichts bekannt. Ein Foto von Petra war am oberen Rand platziert.

Nun durften die Schüler sich als provisorische Richter beweisen. Sie wurden aufgefordert, Petra für ihren Ausraster »zu bestrafen«. Auf einer Skala von 1 (»eher weniger hart«) bis 10 (»sehr hart«) sollte man persönlich den Bestrafungsgrad bestimmen. Was die Schüler nicht wussten: die eine Gruppe sah auf dem Arbeitsblatt eine sehr attraktiv aussehende Petra, der anderen Gruppe wurde eine eher durchschnittlich erscheinende Petra präsentiert.

Ich zählte schließlich die Punkte zusammen und berechnete den jeweiligen Gruppen-Mittelwert. Schlussendlich wurde die Klasse in meine kleine Fotomanipulation eingeweiht, und im Anschluss daran schrieb ich die Ergebnisse an die Tafel. Ein Raunen ging durch den Raum. – Der Durchschnittswert derjenigen Gruppe, die die *reizende* Teenagerin verurteilen musste, lag bei 3,8; bei der »normal aussehenden« Petra« kam ein Gruppenmittelwert von 7,5 heraus.

Das bedeutet nichts anderes als: Schönheit bewirkt im Allgemeinen, dass man der Betreffenden auch eher ein zusagendes, erwünschtes *Inneres* unterstellt.

Die Schüler, die sich im Durchschnitt für eine weniger harte Bestrafung aussprachen, sagten am Ende der Stunde sinngemäß, dass die bezaubernde Petra so »nett« und »goldig« aussehen würde, und dass sie bestimmt aus »Notwehr« gehandelt hätte. Ja, ja, so ist das mit dem Halo-Effekt …

Anhand dieser kleinen Studie kann man sehen, wie sich Menschen vom Halo-Effekt in die Irre führen lassen. Bereits eine einzige Äußerlichkeit, die uns auffällt, reicht aus, um Sympathie oder Antipathie zu empfinden. – Allerdings nur, wenn wir gegen diese Wahrnehmungsverzerrung nicht bewusst angehen. Achten wir lieber darauf!

Rosenthal-Effekt – »Sei so, wie ich es von dir erwarte«

Wir sollten uns im Alltag nicht von »reizenden« bzw. »tristen« Äußerlichkeiten einschüchtern bzw. abschrecken lassen. Das hat nämlich nicht nur theoretische, sondern auch praktische Folgen. Leicht neigen wir dazu, intuitiv bestimmte *Erwartungen* an die betreffende Person heranzutragen, und das hat wiederum (unbewusst) Auswirkungen auf das eigene Verhalten.

Der amerikanische Psychologe Robert Rosenthal (geb. 1933) hat den eben angedeuteten Wahrnehmungsfehler entdeckt. Mit seinen Mitarbeitern zusammen führte er 1968 seine bekannte Studie an einer Grundschule durch. Und die ging so: Nachdem er in verschiedenen Klassen Daten zum aktuellen Leistungsstand der Schüler erhoben hatte, erklärte er den Lehrern, dass er mithilfe der Ergebnisse Auskunft über die *zukünftigen* Leistungen von einzelnen Mädchen und Jungen geben könne. Einige Tage später trafen sich die Forscher erneut mit den Lehrern und nannten einzelne Schülerinnen und Schüler, die sich höchstwahrscheinlich *sehr gut* entwickeln würden. Was die Lehrer nicht wussten: *Die Kinder wurden nach dem Zufallsprinzip ausgesucht.* Rosenthal erhob am Ende des Schuljahres wieder Daten in den Klassen. Ergebnis: Diejenigen Schüler, die man vorher per Zufallsprinzip zu den Leistungsstarken auserkoren hat, hatten tatsächlich im Vergleich zu den anderen

»große Fortschritte« gemacht. Zufall? Nein! Das Ganze hat an zwei typisch menschlichen Faktoren aufseiten der Lehrerschaft gelegen: 1. Viele Lehrer *überschätzten* die »Überflieger« und benoteten sie infolgedessen besser; 2. Die »Leistungsstarken« *entwickelten* sich deshalb zu Leistungsträgern, weil sie besondere Förderung vonseiten der Lehrer erhielten.

Was bei diesem Experiment zutage kam, passiert auch im »normalen Leben«, auch in Ihrem Alltag. Wir sind sicher auch mal »Täter« in diesem Sinne. Das heißt, wir manipulieren wahrscheinlich unbewusst fremde Personen, auf die wir treffen, indem wir sie dazu motivieren, *dasjenige Verhalten zu zeigen, was wir von ihnen erwarten.* Dieses Phänomen wird auch »sich selbst erfüllende Prophezeiung« genannt. Schauen wir uns doch einmal verschiedene Lebensbereiche an, in denen uns der Rosenthal-Effekt begegnet:

> *Familie.* Manche Eltern erwarten mit großer Angst das Pubertätsalter ihrer Kinder. Grund: Sie »wissen« aus den Medien und von anderen Eltern, »dass das eine ganz schlimme Zeit wird«. Wird nun die eigene Tochter/der Sohn 13, kann es sein, dass die Eltern nur wegen ihrer »schlimmen Erwartungen« völlig neue Seiten aufziehen. Der Nachwuchs *erscheint* jetzt sogar völlig aufmüpfig, frech usw. Alleine schon durch die elterliche Vermutung wird so mancher Jugendliche erst aufmüpfig, frech usw. Das ist dann wiederum »Anlass« für die Erzieher, »noch härter zu erziehen«.

> *Beruf.* Wer eine neue Arbeitsstelle antritt, sollte sich darüber im Klaren sein, dass der Rosenthal-Effekt auch dort vorkommt, genauer gesagt, sehr schnell durch unkluges Verhalten entstehen kann, und zwar aufseiten der neuen Kollegen. Am ersten Tag zu spät kommen, sich im Ton vergreifen, peinlich auffallen – all so was kann bei den Mitarbeitern den Rosenthal-Effekt begünstigen. Sie werden nämlich, wenn es ganz unglücklich läuft, sich vielleicht so verhalten, dass man

auch in Zukunft zu spät kommt, sich im Ton vergreift, peinlich auffällt usw. Schnell entsteht so ein Teufelskreis.

Wir müssen also berücksichtigen: Je weniger Wahrnehmungsfehler, desto mehr Authentizität. Bremsen Sie sich bei der Personenbeurteilung! Und hören Sie bitte niemals auf Ihre Nachbarn, Familienmitglieder, Mitarbeiter, wenn eine neue Person ins jeweilige System eingegliedert wird. Auf der anderen Seite sollten Sie den Meinungen der Mitmenschen, die über Sie gefällt werden, nicht allzu viel Bedeutung beimessen; denn die sind ja bekanntlich auch voller Wahrnehmungsfehler.

Soziale Rolle – »Ein Doktor wohnt in einer Studentenbude?«

Das Jahr 2004 hatte, wenn ich an mein eigenes Leben denke, nicht viele Glücksphasen. Im März schloss ich erfolgreich meine Promotion ab. Das war noch ein Höhepunkt. Dann ging es abwärts. Beruflich tat sich nichts. Es folgte die lange Zeit der Vorstellungsgespräche. Keine schöne Zeit. Während ich Monate damit verbrachte, Stellenangebote zu studieren und 300 Bewerbungen zu verschicken, hielt ich mich mit Gelegenheitsjobs, Flirts, Uni-Bib und Schreiben bei Laune.

Irgendwann Mitte des Jahres erhielt ich eine E-Mail. Absender waren drei Studentinnen einer Münchener Filmhochschule. Sie saßen an ihrer Semesterarbeit und brauchten noch einen Interviewpartner zum Thema Eifersucht. Natürlich sagte ich zu, es gab ja sonst nicht viel zu tun. Wir trafen uns in der Landauer Innenstadt und suchten Locations für den Dreh. Der erste Eindruck war imposant. Alle trugen Pumps aus Schlangenleder, die neueste Mode, und es schien so, als hätten Sie sich während der sechsstündigen Autofahrt (in einem neuen 3er BMW) permanent geschminkt. Sahen alle blendend aus. Die halbe Fußgängerzone schien an uns (= ihnen) interessiert zu sein.

Jedenfalls, wir fanden einige Locations, die aber letztlich alle wegen des erhöhten Lärmpegels wieder fallen gelassen wurden. Eine Studentin meinte schließlich: »Wieso filmen wir nicht einfach bei dir!« Ich antwortete: »Schlechte Idee, nicht aufgeräumt.« Sie: »Ach, ist doch egal!« Ich gab nach: »Nun denn, auf ins Wohnheim!« Plötzlich stand die Zeit still, sie erstarrten. »Wohnheim? Ein Doktor lebt in einem Wohnheim?«, sagte eine der drei. – Tja, was soll ich sagen, wir bekamen das Interview dann doch noch in den Kasten (im Wohnheim). Aber währenddessen hatte ich latente Minderwertigkeitsgefühle. Als wir zu viert mit Kamera, Licht und Equipment über den Parkplatz im Innenhof liefen – die Pumps klackten sehr laut –, musste ich in mich hineinlachen. Das muss ein Bild gewesen sein: drei durchgestylte Hobby-Models und ein Mann beim Filmdreh in einem Studentenwohnheim!

Trotzdem war ich letztlich frustriert. Ich wusste damals noch nichts von dem hier thematisierten Wahrnehmungsfehler und bezog die Aussage »Ein Doktor im Studentenwohnheim?« auf mich, empfand mich infolgedessen als Loser. Was ich mir damals nicht klarmachen konnte: Mit dieser zweifelhaften Bemerkung sagten die möchtegern-It-girls eigentlich nur aus, *dass sie die Erwartung hatten, ein promovierter Akademiker hätte auch Kohle. Nur sie waren verwundert!* Eigentlich war es ein Problem in deren Hirnkästen. Ich hatte gar nichts damit zu tun!

Nun den, der charakteristische Wahrnehmungsfehler, der aus der *sozialen Rolle* eines Menschen entstehen kann, ist eine potenzielle Glücksbremse bzw. ein Gute-Laune-Zerstörer. Er reduziert den Menschen, den man vor sich hat, auf wenige Eigenschaften. Nicht die Person, sondern die soziale Rolle und alles, was unter dem Gesichtspunkt Vorurteile mit ihr zusammenhängt, werden wahrgenommen; der Rest fällt »hinten runter«.

Einige Alltagsbeispiele: Wenn Ihnen jemand sagt, er sei Verwaltungsangestellter, dann geistern sofort verschiedene Vorurteile durch den Kopf, etwa: langweilig, solide, schlechter Kleidergeschmack. Noch dramatischer für Betreffende sind entsprechende Information wie »arbeitslos«, »Ex-Knacki«, »Ex-Junkie«. Die soziale Rolle täuscht uns oft. Wir wissen streng genommen nämlich nicht, warum die entsprechende soziale Rolle vom Betreffenden verinnerlicht wurde, ebenso wenig, ob Schicksalsschläge dahinterstecken, höhere Gewalt verantwortlich war usw. Trotzdem sind wir schnell beim Diskreditieren: »Der stellt sich bestimmt doof an!«, »Der hat nix auf dem Kasten« oder: »Bestimmt Alki!« Wer macht sich schon die Mühe, hinter die Fassade zu schauen?

Der Mechanismus eröffnet somit viel Raum für Manipulationen. Meiner Erfahrung nach bringt es sehr viel, wenn man in bestimmten Situationen einige soziale Rollen, die man innehat, in das Gespräch einstreut. Auf diese Weise werden meistens gewinnbringende Vorurteile bei den Mitmenschen ausgelöst.

Nun zu präventiven Maßnahmen in Bezug auf die Gefahr, selbst zu einem »Täter« zu werden. Wieder gilt: Wir sollten uns nicht so schnell vom Ersteindruck täuschen lassen, den andere auf uns machen. Manche Personen verschmelzen nämlich derart mit ihrer sozialen Rolle, dass sie tatsächlich seriös, selbstsicher und nett »rüberkommen«. In Wahrheit aber kann sich eine große Leere hinter der Maske auftun. Also: Aufpassen!

Ähnlichkeitsfehler – »Du bist ein Typ wie ich«

In meinen Flirtkursen, die ich vor Jahren noch veranstaltet habe, gab es immer eine eigene Lerneinheit zum Thema: Wieso gehen Beziehungen in die Brüche? Die Teilnehmer diskutierten über ihre eigenen Erlebnisse. Neben populären Erklärungen (etwa: »Wir hatten uns auseinandergelebt!«) wurde immer wieder auch mal zugegeben: »Nun gut, wir hatten am Anfang mehr Ähnlichkeiten aneinander gesehen, als eigentlich vorhanden waren.« Das ist ein populäres Phänomen. Verlieben sich zwei Menschen, werden charakterliche Ecken und Kanten oft »glatt gebügelt«. Wir sehen am Anderen gewöhnlich viel von uns selbst, manchmal zu viel. Sie wissen ja: rosarote Brille und so.

Vor einigen Monaten saß ich in einem Wormser Café und las in RICHARD DAVID PRECHTS Buch *Liebe – ein unordentliches Gefühl.* Sehr zu empfehlen übrigens. Jedenfalls, als ich gerade eine Pause machte, um mir einen weiteren Milchkaffee zu bestellen, bekam ich einige Gesprächsfetzen vom Nachbartisch mit. Zwei Männer Mitte 30 saßen beieinander und unterhielten sich anscheinend über eine Frau, die einer der beiden erfolgreich gedatet hatte. Irgendwann sagte der Glückliche: »Ohne Witz! Nach fünf Minuten Small Talk habe ich gewusst: Cool, die ist vom Typ her genauso wie ich.« Dann folgte eine lose Aufzählung von Charaktereigenschaften. Letztlich noch ein erfreuliches Resümee: »Die hat auch ein Tattoo und spielt Squash – genau wie ich!« Ich dachte spontan: *Na warte mal ab, ob sich der erste Eindruck letztlich als richtig erweist.*

Der sogenannte Ähnlichkeitsfehler tritt dann auf, wenn man die eigenen Eigenschaften und Charaktermerkmale anderen Personen zuschreibt, und zwar schon beim ersten Aufeinandertreffen (siehe auch Abschnitt *Projektion*). Der Anlass eines solchen Wahrnehmungsfehlers kann eine Äußerlichkeit des Anderen sein, die mich einerseits an mich selbst erinnert und mit der ich andererseits eigene Persönlichkeitsanteile in Verbindung bringe.

Nehmen wir an, die Unterhaltung der beiden Singles am Nachbartisch war von diesem Wahrnehmungsfehler beeinflusst. Sicher ist dann ein irrationales Schema nicht weit, etwa:

»Wer Tattoos hat und Squash spielt (wie ich), ist cool (wie ich).« Wie entwickelt sich so eine Sache möglicherweise weiter? Der männliche Part wird durch den Ähnlichkeitsfehler noch mehr bestärkt, in seiner Bekanntschaft eigene Vorlieben wahrzunehmen. Dies führt natürlich zu weiterer Idealisierung. Ergeht es ihr auch so, kann daraus so etwas wie Verliebtheit entstehen.

Wer auf diese Weise seinen Partner kennenlernt, nimmt ihn nur unvollständig wahr, und das kann sich rächen. Andere Charaktereigenschaften, vielleicht sehr existenzielle, werden ja unbewusst ausgeblendet. Im normalen Alltag ist der Ähnlichkeitsfehler auch recht oft zu beobachten. Ein Beispiel: Ich gehe oft joggen. Letzten Sommer trabte ich an einer Gruppe junger Neo-Nazis vorbei, die an einer Bushaltestelle stand. Auf etwa gleicher Höhe grüßten mich einige von ihnen. Das lag natürlich an meinem kurzen Haarschnitt. Betreffende dachten vorschnell, ich sei einer »von ihnen«. Ich musste laut loslachen.

Achten Sie mal auf diesen Wahrnehmungsfehler. Man kann auch ihn für eigene Interessen ausnutzen. Wenn Sie Ihr Äußeres bei Freizeitunternehmungen bewusst neutral gestalten bzw. den jeweiligen Gepflogenheiten des Veranstalters perfekt anpassen, steigen die Chancen, dass man von anderen eher *positiv* wahrgenommen wird. Der Funke springt bei »empfundener Gleichheit« eher über.

Wahrnehmungsfehler erster und zweiter Ordnung

Fazit: Die beschriebenen Wahrnehmungsfehler führen zu irrationaler Personenbeurteilung und somit zu sozialen Konflikten. Jetzt schalten wir einen Gang höher und kommen zu dem großen Thema Abwehrmechanismen. Sie stellen in Sachen Wahrnehmungsfehler Extreme dar und gehören somit zu den stärksten Glücksbremsen, die zwischenmenschlich den größten Schaden anrichten.

Sich selbst und andere durchschauen – Abwehrmechanismen bemerken und reduzieren

Wir Menschen haben gewöhnlich das Bedürfnis, ein stabiles Selbstwertgefühl zu besitzen. Das ist nicht ohne Grund so. Ein durchschnittlich ausgeprägtes Selbstwertgefühl ist prinzipiell eine Voraussetzung dafür, das Leben mitsamt seinen Schwierigkeiten zu meistern. Ein menschliches Existenzial. Unsere Vorfahren hätten gar nicht überlebt, wäre unser Ich-Bewusstsein von Natur aus zerbrechlich. Das Dasein verlangt quasi eine angeborene Motivation, im Allgemeinen ein eher positives als negatives Selbstbild zu haben.

Wir haben eine gute Meinung von uns selbst ...

Leider, so muss man sagen, hat es nicht nur positive Effekte, sich in einem guten Licht zu sehen. Dieses Streben trägt eine mehr oder weniger stark egoistische Note und verzerrt nebenbei die Selbst- und Fremdwahrnehmung immens. Wenn wir alleine schon diese Tatsache erkennen könnten, würden wir schneller sehen, dass uns unser vorauseilender Selbstschutz schon sehr viele Konflikte mit unserem sozialen Umfeld beschert hat. Aber dies sehen wir ja gerade nicht, *weil* es unseren Selbstwert schmälern würde. Unser Streben nach Selbstwert-Erhalt ist unbewusst! Sie müssen z.B. nur mal Biografien von Politikern, Schauspielern, Spitzensportlern usw. lesen. Manchmal reichen sogar schon Fernsehinterviews aus. Es geht dem Betreffenden eigentlich immer darum, rückblickend mit »weißer Weste« dazustehen. Oder fragen Sie doch mal einen Ewig-Single in Ihrem Umkreis, warum er alleine ist. Sie werden *sehr viele* Gründe für sein Single-Dasein hören, die seinen Zustand rechtfertigen. Er kann wahrscheinlich aus seiner Wahrnehmung »gar nichts dafür«. Ähnlich argumentieren Menschen, die, von außen klar erkennbar, einen Partner nach dem anderen verschleißen. Mir erzählte mal eine Frau Ende 50 (vierfach geschieden): »Wissen Sie, *die* Männer haben *alle* ein Problem: sie wissen nicht, wie man eine Frau glücklich machen kann.« Hm. Alles klar.

... und lieben eine weiße Weste

Unser instinktives Bestreben, eine »weiße Weste« zu tragen, ist eine fundamentale Glücksbremse! Das größte Problem ist: Wir nehmen im Alltag gar nicht wahr, dass wir vorauseilend unser Selbstbewusstsein »tunen« und dabei auch noch nebenbei des Öfteren unser Umfeld benachteiligen.

1. Wir nehmen instinktiv gute Kritik eher an als schlechte. Beispiel Partnerschaft: Spreche ich dem Anderen Lob und Anerkennung aus, fühlt er sich in seinem Selbst bestätigt. Er bezieht daher die Aussage automatisch auf sich. Sage ich ihm aber mal, was mich an ihm stört, wird gegenteilig reagiert: »Was ist denn mit *dir* los? *Du* bist aber heute schlecht gelaunt.«
2. Wir suchen im Alltag eher nach vorteilhaften Informationen über uns – und vermeiden nachteilige. Viele Menschen scharen z. B. nur »Freunde« um sich, die ihnen nach dem Schnabel reden und nichts kritisieren. Mit ihnen kann man am besten »die Anderen«, mit denen es Probleme gibt, diskreditieren. Auf diese Weise umgeht man die Beschäftigung mit dem eigenen Anteil an dem Konflikt.
3. Wir halten uns, als würde es sich von selbst verstehen, in Bezug auf Kompetenzen, Intelligenz, Umgänglichkeit usw. als »etwas besser« als der Durchschnitt.
4. Wir glauben einer netten Beschreibung über uns mehr als einer negativen.
5. Wir sind davon überzeugt, in einer bestimmten Situation auch sozial erwünscht zu handeln (z. B. als »Retter in der

Not«), und zwar weitaus »heroischer« als die meisten. (Natürlich sieht das in der Realität meist anders aus.)

6. Haben wir im Alltag Erfolg, geht das selbstverständlich auf unser Konto, wenn auch insgeheim. Bei Misserfolgen sind eher »die Umstände« dafür verantwortlich. Beispiel Autounfall: Als Opfer bin ich von der uneingeschränkten Schuld des Anderen überzeugt. Bin ich Täter, »konnte ich eigentlich wenig dafür, weil [hier bitte zahlreiche Gründe einfügen]«.
7. Persönliche Fehler im Alltag werden im Nachhinein oft so »hingebogen«, dass sie das Selbstwertgefühl nicht mehr gefährden können.
8. Eigene Stärken werden vorwiegend wahrgenommen, Schwächen unter den Teppich gekehrt.
9. Wir sehen diejenigen sozialen Gruppen, denen wir angehören, anderen gegenüber als überlegen an (in Hinsicht auf Beruf, Hobby, Heimatdorf, -stadt usw.).
10. Wenn jemand über uns lästert, nehmen wir es intuitiv persönlich und wollen es dem »Täter« wiederum heimzahlen (anstatt einzusehen, dass seine Verhaltensweise meist etwas über *seinen* Charakter aussagt).

Wir alle haben schon persönliche Niederlagen im Nachhinein so umgedeutet, anders gesagt, *pseudo-rationalisiert*, dass sie verträglicher für unser Ich sind. Denken wir beispielsweise an versiebte Prüfungen (»Tja, der blöde Prof konnte mich schon von Anfang an nicht leiden«), missglückte Flirtversuche (»Ach, die Tussi war eh nicht mein Fall!«), plötzliche Kündigungen (»Der Job hat mir eigentlich eh nicht gefallen!«).

Psychologen sprechen in solchen Fällen auch von »selbstwertdienlichen Verzerrungen« oder »Abwehrreflexen«, die das Selbstwertgefühl im Alltag aufrechterhalten sollen. Menschenkenner entdecken fast immer bei sich und anderen solche menschlichen, allzumenschlichen Motivationen. Je mehr

Abwehrmechanismen ein Mensch verwendet, bewusst oder unbewusst, desto unauthentischer geht er mit sich und anderen um. Denn: Wer mit sich selbst im Reinen ist, sein unbewusstes Ich mit seinem bewussten Ich weitgehend in Einklang bringen kann, hat es weniger nötig, Abwehrmechanismen einzusetzen. Diese kommen nämlich auch dann zum Tragen, wenn das bewusste Ich wesentliche Tendenzen des unbewussten Ich nicht kennt bzw. aus Angst oder Scham verdrängt. Bis zu einem bestimmten Punkt sind Abwehrmechanismen sinnvoll, sie unterstützen unser »psychologisches Abwehrsystem«. Wir Menschen funktionieren am besten, wenn wir, unter dem Gesichtspunkt der Abwehrmechanismen gesehen, im mittleren Niveau liegen. Manche übertreiben es aber (nicht wissend) – und dann werden die eigene Lebensführung sowie der Umgang mit sich selbst und anderen zur Farce. An vielen Qualen und Leiden, die Menschen einander antun, sind Abwehrmechanismen beteiligt (siehe Kriege der Weltgeschichte). Im Normalfall leben Betreffende »nur« unauthentisch, nutzen ihre Potenziale nicht und sind streng genommen nicht fähig, sich selbst und andere zu verstehen. Auch diese Art der Selbst-Unkenntnis wird durch Abwehrmechanismen aufrechterhalten. Leider sind sich viele Menschen gar nicht ihrer Scheuklappen bewusst. Lägen die Dinge anders, wäre es um die Qualität des gesellschaftlichen Zusammenlebens besser bestellt. Nun stellt sich die Frage: Wo liegt die Grenze zwischen »gesunder« Authentizität und unangebrachtem Abwehrmechanismus-Niveau? Und: Wie sieht es bei Ihnen aus? Ein kleiner Test bietet sich an. Beleuchten wir mal einige schwerwiegende Abwehrmechanismen und sehen, wo wir stehen.

Verdrängung – »Was nicht sein darf, kann nicht sein«

Fallbeispiel 2: *Nina, 19, ist eine durchschnittliche Sängerin. Bei einer bekannten Castingshow hat sie es mal in den »Recall« geschafft. Dann war Sense. Nach diesem Erlebnis gab sie euphorisiert die Schule auf (12. Klasse). Sie will nun groß rauskommen. Kritik an ihrer Ausstrahlung und Stimme wehrt sie vehement ab.*

Fallbeispiel 3: *Rainer, 52, Chef einer Firma, hat ein Problem mit dem Älterwerden. Vor zwei Monaten hat er sich von seiner Frau getrennt, nachdem die Affäre mit seiner 25 Jahre jüngeren Sekretärin aufflog. Nach der Scheidung kauft er sich einen Ferrari, in dem er alle zwei Wochen eine neue Frau Anfang 20 spazieren fährt. Seine Ex sagt: »Wieso hat er mir das nicht schon vor 10 Jahren angetan, damals war die Luft schon draußen!« – Er meint: »Ich bin da irgendwie rein geschlittert!«*

Es ist kein Zufall, dass tiefenpsychologisch orientierte Therapeuten vor allem dem Ratsuchenden dabei helfen, seine Verdrängungstendenzen zu reduzieren. Zu viel Verdrängung macht psychisch und körperlich krank. Hinter der mangelhaften Selbsteinsicht, die durch diese unbewusste Abwehrform aufrechterhalten wird, liegt meistens peinliches, unmoralisches oder kleinkariertes Material. Sonst wäre es ja nicht verdrängt worden.

Da eigentlich alles, was das Selbstwertgefühl einschränken könnte, verdrängt werden kann, gilt es, den Blick zunächst auf sich selbst zu richten. Auch das Verhältnis zu unserer Umwelt sollte fokussiert werden, damit wir sehen, ob der Verdrängungsgrad noch akzeptabel ist.

Oben hatte ich schon erwähnt, dass meistens Peinlichkeiten und »Unmoralisches« verdrängt werden. *Was genau* peinlich und unmoralisch ist, liegt natürlich bei jedem selbst bzw. in seiner Sozialisation begründet.

Zu solchen Verdrängungsinhalten gesellen sich oft aggressive und sexuelle Impulse, die andererseits schlicht und einfach angeboren sind. Ja, wir alle haben, stammesgeschichtlich gesehen, »niedere« Hirnstrukturen in unseren Köpfen, die wir mit allen anderen Tieren gemein haben. Wir können unsere natürlichen Potenziale zwar kanalisieren, sublimieren usw., aber wir können sie nicht abtöten. Und das ist auch gut so. Schließlich haben auch Sexualität und Aggression ihren »Sinn«, sonst wären die beiden Charakteristika nicht über Jahrmillionen hinweg evolutionär ausgeprägt und weitergegeben worden.

Es ist leider nicht so einfach, seinen verdrängten Inhalten auf die Schliche zu kommen. Schließlich sind sie ja nicht ohne Grund ausgeblendet. Biografische Erfahrungen spielen natürlich eine große Rolle. Vielleicht leidet man ja unter dem Bravheits-Syndrom, weil man früher mit aller Gewalt jegliche Protestregungen ausgetrieben bekommen hat. Betreffende sind in solchen Fällen heute vorauseilend überfreundlich, um sich abgespeicherte Reaktionen zu ersparen. Dabei hat die Gegenwart ja nichts mehr mit der Vergangenheit zu tun. Oder eventuell ist einem vieles peinlich, weil bestimmte Bezugspersonen ein kleinkariertes Wertesystem jahrelang vertreten haben.

Wie dem auch sei, es gibt ein paar hilfreiche Methoden, sich selbst besser kennenzulernen. Sie können z.B. eine Biografie schreiben. Ja, das ist aufwendig, macht aber auch Spaß. Beginnen Sie mit der ersten Erinnerung, die Sie an Ihre Kindheit haben. Natürlich dürfen Sie für dieses Projekt auch mittels privater Gespräche in ihrem sozialen Umfeld recherchieren. Während Sie entsprechende Interviews führen, können Sie schon mal eine Sache üben: Körpersprache lesen. Denn Ihre Gesprächspartner, die sich ja selbst verschiedener Abwehrmechanismen bedienen, verbinden mit den eigenen Erinnerungen, die verbalisiert werden, immer unbewusst auch Gefühle. Von manchen Gefühlen, die damals auch »da« waren, werden Sie vielleicht nichts *erzählt* bekommen. *Aber die Körpersprache des Gesprächspartners wird sie doch verraten.* – Alle Informationen sollen einfließen in Ihren Selbsterkenntnisprozess.

Eine weitere Methode: Hören Sie öfter auf Ihren Bauch! Oben hatte ich ja schon erwähnt, dass unser emotionales Gehirn – das ja vorwiegend unbewusst arbeitet – alle Informationen, die Sie im Alltag wahrnehmen, auch bewertet, mit Gefühlen. Kurz gesagt, es sind Ihre *emotionalen* Reaktionen, auf die es eigentlich ankommt. Sie gehören zu Ihrer Persönlichkeit, zu Ihren »unbewussten Ich-Anteilen«. Wenn Sie sich auf die Schliche kommen wollen, achten Sie in folgenden Situationen zunächst mal auf Ihre Gefühle:

1. Das Telefon klingelt – Vati/Mutti/Chef/Schwiegermutti ist dran.
2. Sie finden im Briefkasten eine Einladung zum nächsten Vereinstreffen.
3. An der Haustür stehen »überraschenderweise« die Nachbarn: »Hallöchen!«
4. Am Wochenende liegen Sie auf der Veranda und denken an die nächste Arbeitswoche/den nächsten Geburtstag, Familienurlaub usw.

Vor allem durch »emotionale Achtsamkeit« lernen Sie Ihre »unbewussten Ich-Anteile« besser kennen. Richten Sie also Ihren Blick nach innen, das gibt mehr Aufschluss über Ihre unbewussten Persönlichkeitsbereiche als Ihre Reflexionsfähigkeit. Vielleicht findet auf diesem Weg Selbsterkenntnis statt. Das wäre gut. Denn ohne ein solches Vorgehen bleiben Sie in altbekannten Teufelskreisen gefangen, nichts verändert sich. Selbsterkenntnis verändert die Dinge. Sie können z.B. bestimmte soziale Kontakte trockenlegen oder zumindest eindämmen, wenn sie vorwiegend negative Gefühle auslösen. Sie wissen schon: Loslassen, was nicht glücklich macht.

Und schließlich möchte ich Ihnen noch eine weitere Angelegenheit ans Herz legen. Führen Sie doch mal mit Ihrem Partner unstrukturierte Gespräche, in denen Sie die eigene Entwicklungsgeschichte transparent machen. Er sollte auf alles achten: was sie mitteilen, wann sie stocken, bei welchen Themen Ihre Körpersprache auf Abwehr/Widerstand hindeutet. An diesen Stellen kann er dann nachhaken. Sie können sich auch an folgenden Fragen entlang hangeln:

1. »Was, glaubst du, ist mir peinlich und warum?«
2. »Bin ich nach deiner Wahrnehmung einer, der seinen Frust verarbeiten kann?«
3. »Auf welche Weise löse ich Konflikte mit anderen?«
4. »Mache ich auf dich den Eindruck, ich wäre mit meinem Leben zufrieden?«

Für solche Gespräche bieten sich auch sehr gute Freunde an. Es werden meistens auch unbequeme Sachen ans Tageslicht kommen. Aber ich kann Ihnen versichern: So mancher verdrängte Schrecken löst sich in Wohlgefallen auf, wenn man darüber redet. Bestimmte Dinge dürfen auch tabu bleiben. Hauptsache Sie öffnen ein Tor.

Klar ist: Wer viel verdrängt, verstümmelt seine eigene Wahrnehmung, zimmert unbewusst eine kleine Welt und fügt sich und anderen Schaden zu. Durch übermäßige Verdrängung bzw. vorauseilende Selbstrechtfertigung werden auch viele andere Abwehrmechanismen aktiviert. Und um diese soll es im Folgenden gehen.

Projektion – »Wenn man sich selbst in anderen sieht!«

Fallbeispiel 4: *Judith, 37, hat ein Erziehungsproblem mit ihrem 10-jährigen Sohn Mirko. Er will einfach nicht zum wöchentlichen Klavierunterricht. Seine permanente Bockigkeit nervt sie. »Seit drei Jahren bekommt er Stunden an der Musikschule«, erklärt sie einer Freundin. Zum 7. Geburtstag hat sie ihm sogar ein eigenes Klavier gekauft. Judith meint: »Das muss er doch zu schätzen wissen. Klavierspielen ist doch das Größte. Ich wäre damals überglücklich gewesen, wenn mir meine Eltern ein Klavier gekauft hätten. Ich spiele ja auch heute noch gerne.«*

Fallbeispiel 5: *Mona, 22, reist mit ihrem Freund Leon, 28, in die USA. Anlass ist das Jahrestreffen einer Au-pair-Organisation, die Mona vor zwei Jahren einen Auslandsaufenthalt in den Vereinigten Staaten ermöglichte. Als Au-pair-Mädchen traf sie einen attraktiven Amerikaner an der Ostküste, mit dem sie dann ein paar Mal Sex hatte. Damals kannten sich Mona und Leon noch nicht.*

Zurück in die Gegenwart. Am 4. Tag der Reise gehen Mona und Leon mal getrennte Wege. Leon entscheidet sich für Basketball am nahe gelegenen College. Mona besucht offiziell ihre Freundin Carol, inoffiziell trifft sie sich mit ihrem Flirt von damals in einem Stundenhotel …

Am Abend sitzt Mona griesgrämig in der Jugendherberge und erwartet Leon ungeduldig in deren Zimmer. Als er zur Tür hereinkommt, von zwei Basketballkollegen flankiert, schreit sie ihn aus heiterem Himmel an: »Wo warst du solange – und vor allem: mit wem!?« Er: »Wieso bist du denn so eifersüchtig?«

Infolge des Abwehrmechanismus Projektion sieht man eigene Absichten, die man an sich selbst nicht wahrhaben will, an anderen Menschen und greift sie dort an. Es gibt streng genommen, wie die Beispiele schon vermuten lassen, *positive* und *negative* Projektionen. Im ersten Fall »stülpt« die Erzieherin ihrem Sohn ihre Leidenschaft fürs Klavier über, ob er will oder nicht. Dass er diese Leidenschaft offensichtlich *gar nicht* mit seiner Mutter teilt, mag Außenstehenden schnell auffallen, *nur* die Person mit der Wahrnehmungsverzerrung, die Mutter, die sieht das nicht. Man kann annehmen, dass solche Projektionen in der Erziehung sehr viel Schaden anrichten. Und das tun sie auch. Wer weiß schon, wie viele Kinder die Vorlieben, den Kleidergeschmack, die Hobbys usw. ihrer Eltern ausleben müssen.

Jedenfalls, im Fallbeispiel 5 wirft die untreue Mona ihrem Freund vor, fremdzugehen. Dadurch verdrängt sie eigene Schuldgefühle, und die Welt ist für sie gerade so in Ordnung, zumindest für den Moment.

Manchmal werden auch – neben Vorlieben – *Bezugspersonen* aus der Kindheit auf Mitmenschen im Hier und Jetzt projiziert. Wenn z.B. in den emotionalen Hirnarealen eine bestimmte Person aus der Vergangenheit abgespeichert ist mitsamt den Gefühlen, die man ihr entgegengebracht hat, dann kann später eine andere, ähnlich aussehende Person die Gefühle »von damals« in Wallung bringen. Betreffende sind dann bestimmten Menschen gegenüber entsprechend voreingenommen.

In meiner Funktion als Lehrer weiß ich das zum Glück. Daher muss ich spontane Sympathie bzw. Antipathie etwa in neuen Schulklassen nicht gleich auf mich als Person beziehen. Erst mal abwarten! Sympathiebekundungen verführen natürlich das Selbst, weil sie einem schmeicheln; aber das wäre unprofessionell. Noch mal: Ich schiebe positive wie negative Projektionen in erster Linie auf mein Erscheinungsbild. Das hilft mir dabei, die Wahrnehmungsverzerrung der anderen außen vor zu lassen.

Die oberflächliche *Sympathie* infolge von positiver Projektion ist nicht das Problem im Alltag, wie Sie wissen. Es geht eher um die negativen. Mit diesem Abwehrmechanismus nerven und quälen wir andere, und die Mitmenschen nerven und quälen uns damit. Praktizieren Sie täglich Selbstanalyse. Negative Projektionen müssen bewusst gemacht und gezielt unterdrückt werden. Masterfrage: Wie kann man sie bewusst machen? Wie immer ist Selbstbeobachtung lohnenswert. Wir haben oben gesehen, dass bei den negativen Projektionen eigene Motive nach außen verlagert, an den anderen wahrgenommen und dort angegriffen werden. Das ist natürlich sehr infantil und unmoralisch und muss daher verhindert werden. Wir wollen ja nicht unsere Kinder verhunzen und/oder in der Familie, im Beruf oder Freizeitbereich unnötig für schlechte Stimmung sorgen. Schließlich liegen die Leichen nicht bei den Mitmenschen, sondern in unserem Keller. Wir könnten uns doch mal die Frage stellen: Warum finden wir jemanden aus unseren Umfeld, beruflich oder privat, *total* abturnend? Man muss sich vor allem die Extreme anschauen, um voranzukommen. Vielleicht geben Ihre üblichen Läster-Opfer tatsächlich die Richtung Ihrer Persönlichkeitsentwicklung vor. Wir konstruieren mal ein Beispiel.

Wenn Sie nach *jedem* Schwiegereltern-Besuch eine hochdramatische Szene mit Ihrer Partnerin vom Zaun brechen, die nach circa einer Stunde mit dem Satz endet: »Der Werner ist ein Depp, mein Gott, der will nur im Mittelpunkt stehen!«, dann, ja dann *kann* es sein, dass er eigentlich nur Ihnen *zuvorkommt*. Kurz gesagt: es geht möglicherweise tatsächlich darum, *dass Sie im Mittelpunkt stehen wollen und er das verhindert*, obwohl Sie ja »eigentlich voll« der Meinung sind, Sie seien anspruchslos wie Mutter Theresa.

Also, so kann man sich diesem Abwehrmechanismus annähern. Falls Sie nun auf eine solche Konstellation stoßen sollten, können Sie Folgendes tun: Fokussieren Sie nicht weiter Ihren Werner. Es hilft Ihnen gar nichts, wenn Sie das Symptom

(= Werner) bekämpfen, aber nicht die Ursache (= Leichen in Ihrem Keller) beheben. Verharren Sie beim Alten, bleiben Sie in Ihrem Teufelskreis gefangen und langweilen nur Ihre Partnerin mit der »alten Leier«.

Suchen Sie sich im Falle von Neidregungen lieber Betätigungen, die *Ihnen* soziale Anerkennung bescheren. Dann verliert auch Ihr Werner von seinem Schrecken und Sie können die Familientreffen zur Abwechslung mal genießen. Eventuell ergeben sich sogar stressfreie Unterhaltungen mit Werner. Auf diese Weise kann Selbsterkenntnis bzw. Persönlichkeitsentwicklung angegangen werden. Nehmen wir uns noch ein paar Personengruppen und populäre Phänomene vor, die häufig Zielscheibe von negativen Projektionen sind. Vielleicht ist ja auch der eine oder andere Gruppenvertreter dabei, der auf Ihrer Abschussliste ganz oben steht:

- Lästern Sie permanent über Arbeitslose? Möglicher Grund: *Sie* sind überarbeitet, aber Ihr »innerer Antreiber« hindert sie daran, eine Auszeit zu nehmen.
- Sind Sie jeden Sonntagmorgen unglaublich von Ihrer Familie genervt, die anscheinend aus lauter Morgenmuffeln besteht? Achtung! Vielleicht sind *Sie* der Morgenmuffel, der seine Zickigkeit an sich selbst nicht wahrhaben will.
- Sitzt Ihnen alltäglich die Angst im Nacken, Sie könnten im Zug auf dem Weg zur Arbeit in eine Schlägerei verwickelt werden, weil da *immer* so schräge Typen sitzen, die Sie *immer* so komisch aus dem Augenwinkel beobachten? Potenzielle Ursache: *Sie* leiden schon seit Jahren unter dem Bravheits-Syndrom, fressen Frust und Aggressionen in sich hinein. Ihren eigenen Unmut sehen Sie eventuell an den anderen.

Die Liste ließe sich fortführen. Sie besteht aus willkürlichen Beispielen. Vielleicht sieht Ihre persönliche Liste völlig anders aus. Erstellen Sie mal eine. Eventuell leiden Sie auch gar nicht unter negativen Projektionen. Aber das wäre eine große Ausnahme. Überflüssig zu erwähnen, dass *gerade* die Objekte, gegen die sich dieser Abwehrmechanismus richtet, die Richtung der Persönlichkeitsentwicklung vorgibt. Das heißt:

a) der Arbeitslosenfeind nimmt sich ab jetzt bewusst Auszeiten im Alltag, auch wenn's weh tut;
b) der Morgenmuffel muss ab jetzt sonntags jedes Familienmitglied mindestens einmal zum Lachen bringen, ansonsten muss er alleine frühstücken;
c) der Aggressionsunterdrücker hängt sich einen 40-Kilo-Boxsack ins Arbeitszimmer und trainiert ab jetzt jeden Abend 20 Minuten. Bei Bedarf kann man auch Kampfsport im Verein ins Auge fassen.

Rationalisierung – »Was nicht passt, wird passend gemacht«

Fallbeispiel 6: *Marie, 26, vergeigt zum dritten Mal die Abschlussprüfung in Pädagogik. Ihre Begründung: »Klar: Ich konnte nicht genug lernen, ich war krank. Außerdem war ich völlig aufgeregt. Die haben mir auch voll die blöden Fragen gestellt!«*

Fallbeispiel 7: *Achim, 34, verabredet sich eines Freitagsabends mit Marie, 29. Sie ist die beste Freundin seiner Frau. Und nebenbei auch ziemlich attraktiv. Er besteht darauf, Marie mit seinem Wagen abzuholen, obwohl auch öffentliche Verkehrsmittel infrage kämen (sie wohnt etwas weiter weg). Weil es an diesem Tag laut Wetterbericht auf den Straßen wegen eventuellen Schneefalls glatt werden könnte und das ausgewählte Café in der nächsten Großstadt liegt, nimmt er sich »zur Vorsorge« Klamotten zum Übernachten mit. Bei Marie, versteht sich. Seine Frau findet das »ein bisschen übertrieben«.*

Die beiden verbringen einen netten Abend, Marie bekommt von ihrem Begleiter regelmäßig Rotwein nachgeschenkt. Schließlich fährt er sie nach Hause. Es ist schon weit nach Mitternacht. An ihrer Haustür angekommen – es gibt weder Schneeflocken noch Minustemperaturen –, sagt er: »Du ich glaube, ich bleibe besser bei dir, es könnte noch glatt werden!« Seiner Frau schreibt er noch eine SMS: »Übernachte bei Marie, Heimfahrt zu gefährlich. Liebe dich!« – In dieser Nacht schlafen Marie und Achim in einem Bett. Am nächsten Morgen ruft seine Frau an: »Los komm heim. Ich glaube, du spinnst!« Er: »Wieso, ich gehe doch nicht das Risiko eines Autounfalls ein.«

Wir alle sind Meister darin, wahre Absichten, Niederlagen, Unstimmigkeiten umzudeuten, manchmal kreativ, manchmal plump. Und am Ende der »Operation« stehen wir schließlich mit weißer Weste da. Mit dieser Fähigkeit kommen wir natürlich nicht auf die Welt. Selbstrechtfertigungstendenzen entstehen in Auseinandersetzung mit den Betreuungspersonen in der Kindheit.

Notlügen sind in bestimmten Situationen unverzichtbar. Sie helfen uns manchmal weiter, indem wir durch sie Strafe, Verurteilung, Vorwürfe, kurzum unangenehme Situationen vermeiden. Trotzdem: Ausreden sind nichts anderes als Lügen.

Ausreden unterstützen Glücksbremsen

Ich möchte an dieser Stelle einige Ausreden-Klassiker vorbringen und Vermutungen darüber anstellen, was dahinter stecken könnte. Vielleicht finden Sie Parallelen zu sich selbst und können dadurch diesen Abwehrmechanismus zukünftig besser entlarven.

Nun, je öfter jemand folgende Phrasen im Alltag ausspricht, desto wahrscheinlicher steht er unbewusst unter dem Einfluss der Rationalisierung:

- **»Das macht man nicht!«** – Diesen Satz sagen wir häufig reflexartig, wenn uns eine Verhaltens- oder Denkweise eines Mitmenschen unmoralisch oder schlicht und einfach falsch oder unsinnig vorkommt. Nachdem wir uns mit diesem Satz einen Freibrief ausgestellt haben, können wir im Namen des »gesunden Menschenverstandes« (= eigentlich nur meiner) aktiv werden. Mit nunmehr weißer Weste sind wir leicht imstande, den anderen zurechtzuweisen. Erwiesenermaßen brauchen manche die Rolle des »Warlord of Justice«. Ihr Motiv: Frustabbau.
- Die Phrase **»Das kann ich nicht!«** kommt uns manchmal über die Lippen, sobald wir von jemand aufgefordert werden, etwas Bestimmtes zu tun, das wir uns nicht zutrauen. Manchmal sagt man damit auch indirekt: »Das *will* ich nicht!« Aber: Wer jeden Tag zu oft »Das kann ich nicht!« zu Protokoll gibt, verbirgt damit eventuell die Absicht, anderen Menschen im Umfeld die Lösung der jeweiligen Aufgabe aufzuzwingen. Das klappt auch meistens, weil sich Betreffende oft ein »entgegenkommendes Umfeld« zulegen.
- **»Ich bin halt so!«** – Diese »Weisheit« verkünden manche Partner bei Streits, etwa wenn sie dem Anderen schlussendlich *genau* erklären, wieso es eigentlich zu Unstimmigkeiten gekommen ist. Mögliches Motiv: Man will die weiße Weste fleckenfrei halten, d.h. den eigenen Anteil am jeweiligen Konflikt völlig wegschieben. *Der Andere muss sich zukünftig nur »richtig« verhalten.*
- **»Die/der ist halt so!«** Dieser Satz dient oft als Erklärung fürs Lästern, darüber hinaus als Rechtfertigung für Missgunst und Mobbing. Meistens wird eine Person aus dem sozialen Umfeld – das kann auch innerhalb der Familie sein – zum Sündenbock stigmatisiert. Das ganze System hat etwas davon, vor allem »Entertainment« ist garantiert. Grundlage

dieses Ausgrenzungsprozesses mögen das Aussehen, Verhalten oder die Ansichten des Sündenbocks sein.

> **»Was hätte ich denn sonst machen sollen!?«** – Eigene Fehler, die im Rückblick reflektiert oder vor anderen verbalisiert werden, können mit diesem Satz immer abgefedert werden. Stundenlang kann man dann alle möglichen rationalen und irrationalen Dinge ins Feld führen, die einem »überhaupt gar keine andere Handlungsmöglichkeit« gelassen haben als nur diese eine.
> **»Wie kannst du nur so was sagen?«** Dieser Notbremsen-Satz kommt häufiger in Ehen vor, vor allem bei Streits, wie Sie sich denken können. Er dient dazu, sowohl die Auseinandersetzung als Gewinner zu beenden – der Betreffende kam vorher in Bedrängnis –, als auch dazu, mit weißer Weste aus ebendiesem hervorzugehen. Im Rückblick kann man immer wieder triumphierend verkünden: »Er/sie hat mich mit dem, was er/sie gesagt hat, *sooooo* verletzt!« Natürlich spielt der eigentliche Gegenstand der Unstimmigkeiten sowie der eigene Anteil am Konflikt gar keine Rolle mehr. Es zählt *nur* der »Ausraster« des Partners. »Wie kann er nur so was sagen?«

Wie bereits angedeutet, hinter solchen Phrasen können tiefer liegende unmoralische, egoistische Motive stehen, die ich hier in den Beispielen umrissen habe. Man sollte sich in Bezug auf das Thema die »ewig währende Weisheit« der Paarpsychologen merken: An zwischenmenschlichen Konflikten sind meistens beide Parteien zu etwa gleichen Anteilen beteiligt.

Noch eine Anmerkung zum Thema Ausreden. Manche Menschen führen sogar regelmäßig Gespräche, in denen es einzig und allein um Notlügen geht. Solche Gespräche haben häufig Überschriften wie »Warum die aktuelle Ehe nicht funktioniert«, »Wieso die Diät nicht klappt«, »Warum bekomme ich keinen Job?« usw. Natürlich sind immer die Anderen bzw. die Umstände daran schuld. Für solche Einbahnstraßenunterhaltungen kommen, wie angedeutet, ausschließlich Personen in Betracht, die unkritisch zustimmen und keine unangenehmen Fragen stellen.

Reaktionsbildung – »Vorne hui – hinten pfui«

Fallbeispiel 8: *Kai, 37, arbeitet seit sieben Jahren als Servicekraft in einem Brauhaus in einer rheinland-pfälzischen Großstadt. Seit Monaten fühlt er sich überlastet, darf aber keine Überstunden abfeiern. »Zu viel zu tun, Kai, sorry!«, wehrt der Chef ab. Seinen Frust frisst er in sich rein. Sehr schwer fällt ihm, dass er den Kunden gegenüber Contenance wahren muss, immer.*

Heute muss er zum Chef. Es hat Beschwerden gegeben. »Kai, was ist los mit dir? Hm? Ich habe hier drei Beschwerden, du wärst aggressiv den Kunden gegenüber gewesen.« – »Was!?«, gibt er zurück. »Ich bemühe mich immer darum, freundlich zu sein!« Tatsächlich kann Kai sich an keine einzige prekäre Situation erinnern. Obwohl, zugegeben, ein paar Mal war er schon ein bisschen »übertrieben freundlich« gewesen. Aber nur ein bisschen.

Fallbeispiel 9: *Sven, 28, studiert Sport. An diesem Abend besucht er eine Uniparty, die glücklicherweise in seinem Wohnheim stattfindet. Inmitten von circa 20 Studentinnen und Studenten trinkt er ein paar Bierchen und unterhält sich mit einem bekannten Kommilitonen. Unterbrochen wird seine Unterhaltung nur von spitzfindigen Bemerkungen, die von einer attraktiven Brünetten Namens Lea, 23, pointiert gesetzt werden. Etwa: »Ach, der Herr trinkt Pils!«, »So wie du aussiehst, bist du bestimmt Sport-Student« usw. Er hat sie noch nie vorher gesehen und wundert sich einfach nur. Irgendwann wird es ihm zu bunt und er feuert zurück: »Die Frau in der Ecke bleibt* *heute besser bei Sprudel!« Beide zicken sich ein bisschen an, sehr zum Entertainment aller Anwesenden.*

Zwei Stunden später liegen sie auf der Couch und knutschen ... Am nächsten Morgen beichtet Lea: »Ich habe einen Freund, wir wohnen seit sechs Jahren zusammen.«

Wie lassen sich die beiden Beispiele, die auf den ersten Blick befremdlich wirken, aufdröseln? Da passt doch irgendwas nicht zusammen. Zunächst einmal kann man festhalten: Kai kommt anscheinend seinem Job mehr oder weniger gewissenhaft nach, zumindest in seiner Wahrnehmung. Er ist überarbeitet, beißt aber die Zähne zusammen. Seiner Meinung nach ist mit ihm alles in Ordnung, er ist doch zu den Kunden freundlich, positiv eingestellt. Doch seine Außenwirkung drückt tatsächlich etwas anderes aus, etwas Negatives, genauer gesagt, latentes Aggressionspotenzial.

Lea andererseits scheint Sven auf den ersten Blick nicht leiden zu können. Obwohl sie ihn gar nicht kennt, wirft sie ihm negative Phrasen an den Kopf, provoziert ihn. Das heißt, auf den Laien – und zunächst auch auf Sven – macht sie einen ablehnenden Eindruck. Tja, und später dreht sich die Geschichte um 180 Grad, die beiden kommen sich näher. Hier handelt es sich um die sogenannte Reaktionsbildung. Wie die Bezeichnung dieses Abwehrmechanismus schon vermuten lässt, wird bei der Reaktionsbildung auf eine (bestimmte) Motivation oder Gefühlslage unbewusst reagiert, und zwar genau *gegensätzlich*. Reagiert wird deshalb, weil ansonsten Angst vor möglichen Konsequenzen oder ein schlechtes Gewissen entstehen würde.

Bei Kai liegt der Gedanke nahe, dass er nach und nach ein beträchtliches Frustrations-Aggressionspotenzial aufgebaut hat. Andere Menschen werden in ähnlichen Burn-out-verdächtigen Situationen schrittweise depressiv und reagieren mit psychosomatischen Erkrankungen wie Magen- und Darmbeschwerden,

Kopfschmerzen, Schlafstörungen. Aber nicht Kai. Er ist kein klassischer Nach-innen-Explodierer. Das Frustpotenzial stieg dennoch an. Als er irgendwann die Nase richtig voll hatte, bröckelte die Nettigkeitsfassade und seine wahre Gemütslage »schwappte« nach außen.

Nun zum Fall Lea. Sie unterdrückte wahrscheinlich seit Längerem ihre Motivation, mit anderen Männern anzubändeln. Warum, ist nicht ersichtlich. Vielleicht stimmte was nicht in ihrer eigenen Beziehung. Was hingegen auffällt: Sie verdrängt anfangs mit allen Mitteln ihre spontane Sympathie, die sie gegenüber Sven empfindet, und verkehrt sie unbewusst ins krasse Gegenteil, ist also fies zu ihm. Klar: Das tut sie aus purem Selbstschutz bzw. schlechtem Gewissen. Er versteht die Situation nicht. Wie sollte er auch? Schlussendlich wird auch sie von ihrer wahren Empfindung überschwemmt.

In diesem Zusammenhang erinnere ich mich an eine Situation vor einigen Jahren, als ich mit meiner damaligen Partnerin in der Mensa der Uni Landau saß und frühstückte. Sie saß mir gegenüber, und irgendwann blieb ihr Blick irgendwo hängen: Ich drehte mich um. Dann sagte ich: »Aha, dein Beuteschema!« Der Typ, der da an der Essensausgabe stand, hatte sogar ein bisschen Ähnlichkeit mit mir. Die Reaktion, angestachelt durch meinen Spruch, war dann: »Nee, der ist bestimmt voll arrogant!« *Klar.*

Prinzipiell sorgt die Reaktionsbildung in durchschnittlicher Ausprägung für nichts anderes als gesellschaftliche Anpassung. Und das ist auch gut so. Könnten wir z. B. Antipathie dem Chef, Nachbarn, Schwiegervater oder bestimmten Mitarbeitern im Büro gegenüber nicht hinter einer Maske der oberflächlichen Freundlichkeit verschleiern, bekämen wir schnell große Probleme. Aber man muss achtsam sein! Leicht verselbstständigt sich die Maske, die wir tragen, und am Schluss wissen wir selbst nicht mehr, wer wir sind.

Natürlich bekommen auch wir die »Scheißfreundlichkeit« sowie unangebrachten Unmut »aus heiterem Himmel« mal von den anderen im Alltag ab. Die ganze Irrationalität verliert maßgeblich an Schrecken, wenn wir inneren Abstand herstellen und uns sagen: »Okay, er kann nicht anders, er muss es raus lassen. Jetzt bin ich halt mal der Depp. Aber das ist nicht schlimm, weil ich gar nicht als Person gemeint bin. Ich bin jetzt nur das Ablassventil.«

So viel können wir schon von uns verlangen, finde ich. Verzeihen Sie dann und wann den gestressten Bank- und Schalterangestellten, Verkäufern, den Kassiererinnen, den Fahrkartenkontrolleuren, den Türstehern, dem Hotelpersonal. Alle hier genannten Personengruppen müssen jeden Tag vielmals eine gute Miene zum bösen Spiel machen. Dass das nicht ohne Folgen bleibt, ist durchaus nachvollziehbar.

Sich selbst unter die Lupe nehmen

Selbsterkenntnis tut Not! Hierzu zählt grundsätzlich eine entsprechende Bestandsaufnahme. In welchem Beruf arbeiten Sie? Müssen Sie dort immer »gut drauf« sein und jeden Tag Kunden betreuen? *Müssen Sie stets freundlich sein?* Sind Sie überanstrengt? Keine einfache Frage. Manchmal verdrängen wir so was – aus Stolz. Oder wir ertränken unseren Stress jeden Abend bei einem guten Roten. Oben habe ich einige Folgen erwähnt: Anspannung, Kopfschmerzen, Schlafstörungen. Hinzu kommt manchmal noch: Medikamentenmissbrauch, depressive Verstimmung, Konzentrationsstörungen. Solche Ausmaße muss die Sache natürlich nicht annehmen. Wie wäre es mit einem geplanten und organisierten Frustabbau? Etwa gleich nach der Arbeit joggen gehen o.Ä.

Manchmal wird die Reaktionsbildung auch durch eine übertriebene Moralvorstellungen aufrechterhalten. Sie kann lauten: »Man darf nie, nie, nie einen anderen Menschen verachten oder hassen.« Eine solche unrealistische Auffassung ist natürlich in der Kindheit durch die Bezugspersonen vermittelt worden. Und dabei kann dann am Ende eine passiv-aggressive Persönlichkeit herauskommen. Fazit: Schulen Sie Ihre Alltagsbeobachtung. Nehmen Sie Ihre Gefühle in Beruf und Freizeit öfter mal bewusst wahr. Und hören Sie auf sie.

Verlagerung – »Lass es doch nicht immer an mir aus!«

Fallbeispiel 10: *Meike, 16, besucht die Berufsfachschule II. Seit einigen Wochen läuft es nicht so gut für sie. Und dabei hat das Schuljahr gerade erst angefangen. Eine Gruppe in ihrer Klasse, vier Schülerinnen in der letzten Reihe, hat es auf sie abgesehen. Während der Schulstunden wird sie mit verschiedenen Gegenständen beworfen. Ihre Beiträge ziehen »Uuuuhs« und »Aaaaahs« nach sich. Irgendwann traut sie sich nichts mehr zu und schweigt. Trotzdem hören die anderen nicht auf mit ihren Spielchen. Eines Tages kommt sie nach der Pause zurück in den Klassenraum und sieht, dass irgendjemand auf ihren Stuhl gespuckt hat. Zwei Wochen nach diesem Vorfall erkrankt Meike. Der Klassenlehrer spricht mehrmals mit der Gruppe. Nach stundenlangen Stuhlkreisen und unnützen »Klärungsrunden« (Konsens der Gruppe: »Die braucht's halt! Die provoziert uns!«) kommt endlich heraus: Die vier »Täter« sind eigentlich nur von der Schule und privat gefrustet – und lassen das an Meike aus. »Ist gar nicht persönlich gemeint, haha.« Alle sind erleichtert, auch Meike. Nach drei Wochen fliegen wieder allerhand Gegenstände.*

Fallbeispiel 11: *Fritz, 53, ist Angestellter bei einer Krankenkasse. Im Kundenservice eingesetzt (Beschwerdestelle), muss er sich tagaus, tagein in 1.000 Variationen anhören, was »Ihre Krankenkasse für einen Scheiß macht«. Ein nervenaufreibender Job. Jeden zweiten Tag besucht er seine allein stehende Mutter, 89, im Nachbarort. Auch dort* *muss er viel Kritik einstecken, was er auch in gewohnt-unterwürfiger Art über sich ergehen lässt. Besonders beliebt ist Mutters Spiel »Du kümmerst dich nie um mich«.*

»An den Tagen, an denen er zu seiner Mutter fährt, ist er besonders übel drauf«, sagt seine Frau Else, 47. Tatsächlich läuft es dann oft nach demselben Muster ab. Er kommt nach Hause, schlägt die Zeitung auf und lamentiert über »die Welt«.

Das Paar hat eine 26-jährige Tochter, die noch im selben Haus wohnt und in der Stadt studiert. Wenn sie spätabends an den »schlimmen Tagen« zu Hause ist, knallt es regelmäßig. Er betritt z. B. ohne anzuklopfen ihr Zimmer und wirft ihr vor, nicht genug zu lernen, ohnehin zu faul zu sein usw.

Bei der sogenannten Verlagerung handelt es sich um Aggressions- oder Frust*verlagerung*. Einfach gesagt, man erschafft in schlechter Gemütsverfassung zwanghaft Nebenkriegsschauplätze und drangsaliert dann willkürlich Personen in Reichweite, die mit den *eigentlichen* Unstimmigkeiten gar nichts zu tun haben. Solche Szenen muten dann recht »künstlich« an.

Der Frust wird verlagert, das befreit. Man bekommt quasi »von oben« eins auf die Backe, dreht sich um 180 Grad und pfeffert dem Nächsten »nach unten« eine. Immer trifft es »schwächere Glieder in der Hackordnung«, vielleicht den Partner, Kellner, Verkäufer, einen Unbekannten, der zur falscher Zeit am falschen Ort ist, den eigenen Hund, das Kind oder, immerhin unbedenklich, den Boxsack. Das Ganze hat eine unglaublich *ent*lastende Wirkung für Betreffende (siehe Schülerbeispiel) – egal, wie unmoralisch uns dieser Mechanismus auch vorkommen mag – und erwiesenermaßen eine sehr *be*lastende für das jeweilige Aggressionsventil. Natürlich löst man dadurch nicht den Grundkonflikt – man *verlagert* ihn ja –, das eigentliche Dilemma wird dadurch genaugenommen noch stabilisiert. Das heißt alles bleibt beim Alten.

Manche Kinder und Jugendliche zeigen eine andere Art von Verlagerungstendenzen, wenn sie öfter Kleintiere quälen, Wrestlingkämpfe nachspielen, Ego-Shooter zocken oder Gewalt- bzw. Splatter-Filme konsumieren. Meistens versteht das soziale Umfeld solche »Hilferufe« von Heranwachsenden nicht. Eher erwägt man noch strengere Erziehungsmittel. Dabei, und das ist ja der Witz, sind die Betreuungspersonen meistens selbst für die Verschiebungsambitionen der Kinder verantwortlich, z. B. weil sie keine oder nur wenige Möglichkeiten zum Frustabbau vorgeben.

Das ganze Verlagerungs-Dilemma verweist natürlich trotz der offensichtlichen sadistischen Note gleichzeitig auf einen beschränkten Akteur. Denn Betreffende rühren mittels dieses Abwehrmechanismus einerseits *nicht* die Personen an, die ausschließlich für den großen Unmut sorgen (Chef/Vorgesetzter, Vater, Mutter, Partner usw.). Andererseits fechten sie einen ungleichen Kampf mit unschuldigen Mitmenschen aus, die sich ungleich weniger wehren können. Kurioserweise kommen sich die meisten Frustrationsverlagerer ein Leben lang nie selbst auf die Schliche.

Was nun? Zuerst sollten wir den Abwehrmechanismus bewusst ins Auge fassen, sprich mal in den Spiegel schauen und uns fragen, was man selbst auf dem Kerbholz hat. An folgenden Fragestellungen kann man sich orientieren:

- Unter welchen Beziehungen leide ich häufig?
- Was tue ich dagegen?
- Was mache ich mit dem Frust, der daraus entsteht?
- Wen habe ich deswegen schon verletzt?
- *Weiß* derjenige, *warum* ich das eigentlich gemacht habe?
- Habe ich mich dafür *entschuldigt*?

Wenn Sie verschiedene sadistische Verhaltensmuster erkennen sollten, die bei entstehendem Frust immer wieder aufs

Neue aktiviert werden, haben Sie schon viel erreicht. Dafür muss man sich nicht schämen! Gehört zum Mensch-Sein dazu. Natürlich muss das Ziel sein, den Abwehrmechanismus in seine Schranken zu verweisen. Sie dürfen sich schon aufregen, aber bitte lassen Sie das nicht an anderen aus. Arbeiten Sie lieber an den primären Beziehungsstrukturen, die den Frust verursachen. Unmut können Sie im Notfall auch mit Sport oder Entspannungsübungen abbauen.

Kommt bei der ersten Reflexion gar nichts heraus, was ja sein kann, sollte das soziale Umfeld zurate gezogen werden. Denn vielleicht verdrängen Sie ja nur entsprechende sadistische Vorgehensweisen. Nichts ist unmöglich. Stellen Sie Ihren Liebsten solche Fragen: »Bin ich aus eurer Sicht oft schlecht gelaunt? Wenn ja: wann genau?«, »Hat hier jemand das Gefühl, er sei manchmal der Sündenbock für mich?« usw.

Nun zur umgekehrten Konstellation: Sie sind das *Opfer*. Wenn Sie ein »Ablassventil« für die »lieben Mitmenschen« verkörpern, dann wissen Sie, dass man für diesen Titel rein gar nichts tun muss. Es reicht schon aus, einfach nur dazusitzen, im Büro, zu Hause, im Sessel des elterlichen Wohnhauses. Egal. Irgendwann heißt es: »Und täglich grüßt das Murmeltier!« Das heißt der Aggressor kommt mit seiner üblichen Leier daher und macht Sie zur Minna, langsam, aber effektiv. Bis zum Finale, das jedes Mal das gleiche ist. Das geht manchmal bis zum Heulanfall. Aber danach ist der Andere wirklich entspannt, nicht? Dabei läuft die »Hinrichtung« meistens nach demselben Prozedere ab.

Es gibt in Bezug auf diesen Abwehrmechanismus vier spezielle Möglichkeiten, wie Sie aus Ihrer Opferrolle herauskommen können:

1. *Inneren Abstand herstellen.* Folgende Formel können Sie sich in brisanten Momenten bewusst machen. Sie heißt »Er/sie kann mich nicht als Person meinen!« Das heißt, Sie bleiben

wahrscheinlich eher cool, wenn Sie Ihre Rolle erkennen, die Sie gezwungenermaßen spielen müssen. Und die ist ja »nur« die des Sündenbocks. Sie sind jetzt halt zur falschen Zeit am falschen Ort. Auf der anderen Seite tun Sie Ihrem Gegenüber sogar einen Gefallen. Er kann seinen Müll bei Ihnen abladen. Vielleicht hilft Ihnen die Gewissheit, dass der Andere auf Sie jetzt und hier als Aggressionsventil angewiesen ist. Die Sachen, die er Ihnen an den Kopf wirft, entsprechen ja nur seiner Wahrnehmung, und die ist gerade sehr beschränkt. Hm. Am Schluss des ganzen Wahnsinns kann man vielleicht anmerken: »So, geht's dir jetzt besser?« Das kann den anderen verblüffen. Denn ein Leben in der Opferrolle, kann ja auch nicht der Sinn Ihres Daseins sein.

2. *Das Spiel aufdecken.* Wenn dieser Abwehrmechanismus zur Anwendung kommt, wird natürlich vom Urheber auch ein Spiel gespielt. Man könnte es »Anklage« nennen; vielleicht auch »Bitte heul doch«. Egal. Also, mein Vorschlag sieht so aus: Wenn Ihr Partner, Nachbar, Mitarbeiter – oder wer auch immer – wieder beginnt, Ihnen übel mitzuspielen, unterbrechen Sie ihn direkt und ohne Umschweife mit den Worten: »Moment, ich weiß, wie das hier weitergeht. Du machst mir die nächsten fünf Minuten die Hölle heiß. Letzten Endes renne ich aus dem Zimmer, mir geht's schlecht und dir gut. Und nur darum geht's: um Frustabbau – und um sonst nichts!« Das kann ihn derart vor den Kopf stoßen, dass das Spiel gar nicht erst weiter gespielt wird.

3. *Das Spiel beenden.* Eine andere Möglichkeit: Sie verlassen auf der Stelle den Ort des Geschehens. Das nimmt zwar schnell Ihrer Angst die Grundlage, hat aber zur Folge, dass das Spiel auf später vertagt wird. Eine alternative Idee sieht vor, dass Sie Ablenkungsstrategien ins Feld führen. Einfach mal auf bestimmte Vorwürfe nicht eingehen, sondern ein anderes Thema anschneiden.

4. *Ein Gespräch auf der Meta-Ebene führen*. Die vorherigen drei Vorgehensweisen bringen nur bedingt etwas. Wenn Sie flexibel auf Frustrations-Aggressionen der anderen reagieren, hält der positive Effekt länger an. Doch trotzdem fallen die Erfolge insgesamt bescheiden aus. Manchmal stehen einem nur diese Alternativen offen, besonders, wenn man das Aggressionsventil des Chefs ist.

   Ein tief greifendes Gespräch andererseits kann die Angelegenheit zwischen Ihnen und Ihrem *Partner* längerfristig zum Guten wenden. Und wieder gilt: die Rahmenbedingungen beachten! Im rastlosen Alltag geht nämlich gar nichts. Auch sollte ein echter geduldiger Dialog angestrebt werden, bei dem *gemeinsam* laut reflektiert wird. Also, buchen Sie in Ihrem Lieblingsrestaurant einen Tisch, der etwas abseits platziert ist. Lassen Sie die Handys zu Hause. Nach dem Essen, wenn der Moment »stimmt« und der Rotwein wirkt, können Sie *Ihr* Spiel beginnen. Nennen wir es »Stunde der Wahrheit«. Stellen Sie am Anfang Sätze in den Raum, die den Weg weisen. Etwa: »Schatz, hör zu. Ich fühle mich sehr verletzt, wenn ich, wie letzten Freitag, als Aggressionsventil herhalten muss. Du weißt, was ich meine.« Oder (etwas sanfter): »Sag mal, fällt dir im Rückblick irgendwas an unserer Unterhaltung auf, die wir am letzten Freitag geführt haben?« Je nach Temperament Ihres Partners kommen entweder konfrontative oder manipulative Vorgehensweisen infrage. Ist die Masche des anderen von beiden durchschaut, ist die Grundlage für die Veränderung geschaffen. Sie beide müssen natürlich gemeinsam Alternativen für die Probleme des Partners finden.

Identifizierung – »Du bist genau wie dein Vater!«

Fallbeispiel 12: *Ralf, 37, macht seit zwei Monaten eine verhaltenstherapeutisch orientierte Psychotherapie. Das konfliktbeladene Hauptthema ist sein Vater. In der heutigen Sitzung fallen Sätze wie »Er hat mich früher an den Schultern gepackt, gerüttelt und geschüttelt«, »Ja, sein bohrender Blick, der hat auch weh getan« und »Er hat ständig geschrien: ›Schau mich an, wenn ich mit dir rede!‹« Auf dem Weg nach Hause ist Ralf sehr aufgewühlt, richtig gefrustet. Jetzt soll er auch noch »Hausaufgaben« machen: seinem Vater einen Brief schreiben. Sein Ärger wird größer ... Selbst drei Stunden später, als er vor dem TV sitzt, hat sich noch nichts gebessert. Sein Sohn Kevin, 12, spielt im Keller Schlagzeug. Irgendwas von Phil Collins. Das nervt, denkt er sich. Irgendwann platzt ihm der Kragen. Er rennt die Treppe runter, reißt die Tür auf und packt seinen Sprössling an den Schultern, rüttelt und schüttelt ihn: »Was soll das?! Warum bist du so laut!? Schau mich an, wenn ich mit dir rede, Freundchen!«*

Fallbeispiel 13: *»Ach, der erste Besuch bei den Schwiegereltern ist immer was Besonderes«, doziert Marek, 28, und schwenkt dabei ein Glas Spätburgunder. Der frisch Verliebte sitzt mit seinem Kumpel Bernhard, 30, in der »Pilsstube«. Beide sinnieren über den anstehenden Geburtstag von Mareks Schwiegermutter in spe, der später noch über die Bühne gehen soll.*

Marek ist mit seiner Freundin Bianca seit vier Monaten zusammen. Bernhard ist psychoanalytisch gut informiert und bremst die Euphorie seines Freundes: »Vielleicht wirst du mehr herausfinden, als dir lieb ist. Viele Töchter sind wahre Abziehbilder ihrer Mütter.« Wenige Stunden später sollte er herausfinden, dass an diesem mysteriösen Satz etwas dran war.

Der Abend mit den potenziellen Schwiegereltern hatte seine Höhen und Tiefen. Sie waren zu viert. Ihm fiel auf, dass Schwiegermutti bei den Erläuterungen ihres Ehemannes über seinen Job das eine oder andere Mal die rechte Augenbraue fast unmerklich nach oben zog; sie war anscheinend genervt. Egal, dachte er sich. Mensch bleibt Mensch. Ein kleiner Schock für ihn war jedoch ihre Aussage »Nerv uns jetzt hier nicht!« (Er hatte ein bisschen viel Gesprächszeit für sich in Anspruch genommen.)

Marek und Bianca verlassen kurz nach Mitternacht das Haus. Im Auto wird natürlich ausgiebig reflektiert. Irgendwann nimmt sich Marek heraus: »Sag mal, kann es sein, dass deine Mutter ein bisschen gegen deinen Vater gearbeitet hat? Wieso macht sie das vor anderen Leuten?« Daraufhin fliegt Biancas Kopf förmlich herum, ihre rechte Augenbraue zuckt, und sie schreit fast: »Nerv jetzt nicht hier! Was soll das!? Lass mich ich Ruhe, ich bin schlecht gelaunt!«

Warum neigen manche von uns zur Identifizierung, wenn uns Mitmenschen gegen den Strich gehen? Der maßgebliche Grund liegt darin, dass unsere Eltern uns sehr stark prägen, beispielsweise in Hinsicht auf die Entwicklung der Geschlechtsrolleidentität, sozialen Kompetenz usw. Psychoanalytisch gesprochen: wir verinnerlichen die Bilder, die wir von unseren Eltern haben, imitieren sie, identifizieren uns mit ihnen. Häufig übernehmen Töchter von ihrer Erzieherin sowie Söhne von ihrem Erzieher das »typische Kommunikations-Handwerkszeug«.

Daher verwundert es nicht, dass uns auch manchmal Sätze über die Lippen kommen, die tatsächlich von unseren Eltern stammen. Nicht nur das ist eine Tatsache: Wir wehren uns oft mit Händen und Füßen gegen die Vorstellung, wir könnten unseren Kindern ähnliche Erziehungsmethoden angedeihen lassen, wie wir sie erfahren haben. Und trotzdem ist es oft so, dass wir es unseren Eltern gleichtun. »Schuld« daran ist der Mechanismus Identifizierung.

Wenn Sie diesem Abwehrmechanismus ein bisschen auf die Schliche kommen wollen, dann seien Sie beim nächsten Besuch der Eltern aufmerksamer. Fragen Sie sich:

- Welche Gesten werden am Tisch gezeigt?
- Wie wird kommuniziert?
- Welche Rituale gibt es?
- Welche Spiele werden gespielt?
- Wer kommt eher zu Wort, wer nicht?

Vieles kann Ihnen auf diese Weise bewusst werden. Durchschauen Sie so Ihre eigenen Straf-Spiele. Es ist wichtig, sich von diesem Abwehrmechanismus mehr und mehr zu verabschieden. Sind wir ihm nämlich häufig ausgeliefert, ist es nicht unser »reflexives Ich«, das aus uns spricht, sondern nur unbewusste Über-Ich-Anteile (= verinnerlichte Gebote und Verbote der Betreuungspersonen).

Auch gibt es Vorgehensweisen, um den Partner zu mehr Aufmerksamkeit zu animieren. Doch hier ist Vorsicht geboten. Selbst wenn Sie entsprechende Parallelen glasklar erkannt haben. Nicht jeder will jederzeit hören, dass er nur eine Bezugsperson imitiert. Warten Sie lieber ab, bis eine gute Stimmung vorherrscht.

Fazit

Wir sollten uns auf die Fahnen schreiben, in Zukunft aufmerksamer im Alltag zu sein. Dann wird es uns leichter fallen, den »Schutt der Vergangenheit«, der auf uns lastet, zu beseitigen. Wenn es uns gelingt, durch Achtsamkeit innere Grenzen zu lösen und authentischer im Alltag zu sein, dann sind wir auch offener für das, was das Leben lebenswert macht: gemeint ist das Glück.

Glücklicher leben

Glück ist eine lebenslange Aufgabe.

Mathias Schreiber

Menschen sind dann am glücklichsten, wenn sie das tun, was sie am besten können.

Mihaly Csikszentmihalyi

Die Absicht, dass der Mensch glücklich sei, ist im Plan der Schöpfung nicht enthalten.

Sigmund Freud

Was ist Glück?

Glück kann sehr viele Gesichter haben, diverse Bedeutungen. Für viele Menschen bedeutet Glück: sich verlieben, die Erfüllung eines lang gehegten Wunsches, gutes Essen, der Beruf, Freizeit, Naturerleben, der Verein, Sport, Harmonie mit dem Partner, Sex, Geselligkeit. Der zeitgenössische Philosoph Wilhelm Schmid (2007, 9) schreibt entsprechend: »Die Wahrheit ist: Es gibt keine verbindliche, einheitliche Definition des Glücks. Was darunter zu verstehen ist, legen letztlich Sie selbst für sich fest.« Auch die wissenschaftlichen Fachrichtungen, die das Thema aufgreifen, sind sich darüber einig, dass es nicht *das* »Glück an sich« gibt. Viele Philosophen haben sich zu allen Zeiten an der Glücksthematik versucht und eigene Ideologien entwickelt, jeweils in Anlehnung an das gerade vorherrschende Menschenbild. In der Antike gab es schon verschiedene Hauptrichtungen (Tepperwein 2009, 23), etwa:

1. Den Epikureismus – (»Nur wer Gutes *tut*, ist glücklich«);

2. Den Hedonismus – (»All das, was Genuss und Lust bereitet, macht glücklich«);
3. Den Utilitarismus – (»Glück ist, wenn *alle* Menschen glücklich sind«).

Die heutige Ratgeberliteratur orientiert sich vor allem an den Philosophen, aber natürlich werden auch Psychologen, Ökonomen und Hirnforscher zitiert, die ja auch etwas zu dieser Angelegenheit zu sagen haben. Besonders die sogenannte Positive Psychologie, eine noch recht junge Glücks-Wissenschaft, beschäftigt sich mit dem, was Menschen situativ und längerfristig zufrieden macht. Sie untersucht, wie wir unsere Stärken und Potenziale entdecken und anwenden können. Außerdem befasst sie sich damit, wie wir unser Leben besser, gesünder, lebenswerter gestalten können. Dabei werden bewusst die unglücklich machenden Faktoren ausgeklammert. Der Fokus liegt auf den »positiven« Aspekten der Persönlichkeit.

Was nicht glücklich macht!

› Ein *Lottogewinn*. Die Euphorie ebbt nach wenigen Monaten ab, und die Stimmung ist wieder auf Normalniveau.
› Die *ewige Suche nach dem Glück*. Wir können nicht jeden Tag glücklich sein, das würde keiner auf Dauer (und auch niemand im sozialen Umfeld) aushalten. Und daher ist permanentes Glücksempfinden auch nicht in unserem »evolutionärem Grundprogramm« verankert. Glück ist ein »Kontrasterlebnis«, wie *Sigmund Freud* schon erkannte.
› *Rauschmittel*. Wer am Wochenende mal über die Stränge schlägt, empfindet sicherlich auch Glück. Wer aber jeden Tag ausgiebig trinkt und raucht, bekommt gesundheitliche und schlussendlich soziale Probleme.
› Eine *Beförderung* (siehe Lottogewinn).

Kleine Glücke

Manche Autoren unterscheiden zwischen kleinen und großen Glücken, z.B. der Wissenschaftsjournalist Wolf Schneider oder die Diplom-Psychologin Renate Frank. Hier eine Auswahl an kleinen Glücken. Sie sind immer eine Bereicherung für den Alltag. Das eine oder andere Glück kennen Sie sicher. Wahrscheinlich ist etwas Neues dabei, das Sie selbst mal ausprobieren möchten. Es lohnt sich!

... Sonnenschein! Nicht umsonst wird Menschen, die unter Depressionen leiden, die sogenannte Lichttherapie empfohlen. Es klingt auf den ersten Blick vielleicht befremdlich, aber Sonnenstrahlen sorgen tatsächlich für die Ausschüttung von Serotonin im Gehirn, und das macht zufrieden. Genießen Sie daher sonnige Tage im Freien

... eine wohlduftende, heiße Tasse Kaffee am Morgen, die mit allen Sinnen konsumiert wird

... ein kühles Bier mit guten Freunden nach Feierabend

... ein unerwarteter Flirt (Grund: Dopaminausschüttung)

... Musik. Vor allem Songs, mit denen Sie positive Erinnerungen verbinden, bieten sich zum Anhören an, um die Stimmung zu heben

... Nachdenken über das Glück, etwa sich Glückserlebnisse bewusst machen

... Jogging (wieder die Glückshormone)

... Lachen; stellen Sie eine DVD mit Gag-Reel-Sequenzen von witzigen Filmen zusammen und schauen Sie sich das morgens an

... Komplimente; jeder hört sie gerne; verschenken Sie welche, dann erhalten Sie auch ein entsprechendes Echo

... Vorfreude; Grund: Dopamin, neben Noradrenalin, Serotonin und Endorphinen (körpereigene morphiumähnliche

Substanzen) der wichtigste Glücks-Botenstoff überhaupt, wird ausgeschüttet, wenn die Spannung steigt

... Ängste überwinden; wer etwa seine Schüchternheit mit Erfolg überrumpelt, ist im Nachhinein erleichtert, befreit – und glücklich

... Lesen; fast nichts ersetzt ein gutes Buch; lesen Sie mal wieder!

... ein Instrument spielen

... Gartenarbeit

... Kochen

Säulen des Glücks

Die kleinen Glücke sind gewissermaßen nur die »Pflicht«, die großen Glücke die »Kür des Lebens«. Einige erfolgversprechende Wege zum Glück möchte ich im Folgenden vorstellen:

- Negative Erfahrungen,
- Interesse,
- Flow,
- soziale Beziehungen,
- Altruismus,
- Selbstwert.

Negative Erfahrungen – »Was uns nicht umbringt, macht uns stärker!«

Dieser Satz stammt von Friedrich Nietzsche, und er trifft vor allem auf den Philosophen selbst zu. Der große Denker musste sich über Jahrzehnte hinweg mit zahlreichen unliebsamen Krankheiten auseinandersetzen, die seinen Bewegungsradius stark einschränkten. Sein schweres Schicksal hinderte ihn aber nicht daran, zeitlebens schriftstellerische Meisterwerke zu verfassen. Das von ihm vertretene Lebensmotto steht auch in Zusammenhang mit unserem Thema Glück. Man könnte – durchaus im Sinne Nietzsches – sagen: *Schlechte Zeiten sind eine Voraussetzung für Glück.*

Diese These scheint zunächst ein Widerspruch zum Zeitgeist zu sein. Denn ist es nicht so, dass wir wie selbstverständlich negative Erfahrungen am liebsten von vorn herein vermeiden würden? »Positives Denken« ist ja *in*. Doch mit dem Fokus auf das Positive ist das so eine Sache. Das Leben selbst stellt sich zuweilen als sehr »launisch« dar, steckt voller Widersprüche und Hindernisse. Nicht nur das: Manchmal treffen uns aus heiterem Himmel Schicksalsschläge: ein Autounfall, eine plötzliche Erkrankung, Arbeitsplatzverlust. Wie bringt man es da noch fertig, positiv zu denken? Lehrt einen das Leben nicht vielmehr: Wer es mit dem positiven Denken übertreibt, der lebt am Leben vorbei, weil er es nur selektiv wahrnimmt.

Wilhelm Schmid (2007, 28f.) wird in seinem Buch *Glück* nicht müde zu betonen, dass das Leben auch ohne Schicksalsschläge zwei prinzipielle Seiten hat: eine angenehme und eine schmerzvolle. Hieraus folgt, dass ich meine Wahrnehmung – entgegen dem Zeitgeist – erweitern muss. Nur wenn ich beide Extreme klar akzeptiere, erlebe ich die »Fülle des Lebens«. Schmid sieht in dieser Haltung nichts anderes als das »Glück der Fülle«. Mit einer entsprechend realistischen Haltung dem Dasein mitsamt seiner Unsicherheit gegenüber kann ich eher die kleinen und größeren Frustrationen ertragen und, viel wichtiger, die »Sonnenseiten« intensiver schätzen.

Daraus folgt: Wer nur auf der Sonnenseite stehen will, verfehlt nicht nur durch seine Weltfremdheit die Realität, er wird auch in unwillkommenen Grenzsituationen, die ihn immer mal wieder heimsuchen, völlig einknicken. Millionen unter uns jagen permanent der »Sonnenseite des Lebens« hinterher.

Wir wollen das Übel, das Negative ausblenden. Was oft vergessen wird: Die Abwesenheit von Schmerz ist nicht unbedingt gleichbedeutend mit Glück, sie entpuppt sich oft als Langeweile-Magnet. Schauen Sie sich nur mal die oberflächlichen Tristesse-Bekämpfungsmaßnahmen der nicht auf alltäglichen Broterwerb angewiesenen Promis an.

Wer das »Glück der Fülle« erleben will, muss sich gerade in stressfreien Episoden sagen können: »Genieß es, es geht vorbei.« Ähnliches gilt auch dann, wenn sich anscheinend alles gegen einen verschworen hat. Dann heißt die Devise: »Zähne zusammenbeißen, es geht vorbei.« Eine solche Haltung muss man meistens erst erlernen. Da war auch ich keine Ausnahme. Nach meinem Abi versank ich in einem Tief. Ich hatte keine befriedigende Berufsidee. Was tun? Aus der Not heraus begann ich eine Ausbildung bei einer Krankenkasse. Ich wurde nicht glücklich. Die Ausbildung brach ich nach einem Jahr ab. Wieder im Tief. Einige Zeit später schrieb ich mich in Landau/Pfalz an der Uni ein und studierte Pädagogik. Es ging bergauf. Nach der Abschlussprüfung wieder keine Perspektive. Frust machte sich breit. Was tun? Ich fand einen Doktorvater – Hoffnung! – und schrieb eine Dissertation, usw., usw., usw.

Rückblickend hätte ich in den zahlreichen unangenehmen Phasen weniger Weltschmerz rauskramen können. Es ging ja am Ende trotzdem immer wieder gut aus; bin stets irgendwie wieder auf die Füße gefallen. Und: Hätte ich damals schon mehr über den Tellerrand geblickt, wäre ich wahrscheinlich *sehr* gelassen gewesen. Denn schließlich waren meine Probleme im »globalen Vergleich« nichts anderes als Pillepalle. Hatte ich Folter erlebt? Nein! Schmerzhaften Hunger? Nein! Schon damals lebten mehr als eine Milliarde Erdenbewohner in menschenunwürdigen Verhältnissen: wenig bis gar kein Besitz, kein fließendes Wasser. Tausende Kinder sterben auch noch heute täglich an eigentlich vermeidbaren Krankheiten. Und von den zahllosen Opfern von Krieg, Folter und Naturkatastrophen jedes Jahr will ich gar nicht erst anfangen. Das alles nahm ich gar nicht wahr, es betraf mich ja nicht *unmittelbar*. Ich war sehr kurzsichtig und lebte in meiner kleinen Welt, sah nur mich. Wahrscheinlich ein sehr menschliches Phänomen.

Trägt man all dem Rechnung, wird schnell klar: uns geht's eigentlich im Allgemeinen noch sehr gut. Und vielleicht schadet es nicht, mal eine neue Perspektive einzunehmen, wenn es einen im Alltag »erwischt«. Der Tipp überhaupt: Mal im Schlechten das Gute sehen. MICHAEL MARY (2005, 230) sagt treffend: »Die Krise ist der Motor für Veränderungen.« Einige Beispiele:

- Eine Kündigung, einschneidend wie sie ist, gibt dem Betreffenden eventuell die Chance, einen Job zu finden, der mehr Spaß macht und vielleicht sogar lukrativer ist.
- Offenbart mir mein Partner, dass er mich nicht mehr liebt, ist das erschütternd. Doch dadurch entsteht wieder Raum für authentische Gespräche über existenzielle Dinge und Bedürfnisse, die offensichtlich über Jahre hinweg totgeschwiegen worden waren. Eine neue gemeinsame Beziehungsdefinition, die tief greifend ist, kann gefunden werden.
- Viele Menschen, Frauen wie Männer, geraten irgendwann zwischen Mitte 40 und 50, wenn das Haus abbezahlt ist und die Kinder aus dem Haus sind, in die sogenannte Midlifekrise. Depressionen, Gereiztheit, Langeweile und sogar »Ausbruchsallüren« sind dann nicht selten. Häufig tauchen Klagen wie diese auf: »Soll das alles gewesen sein?«, »Die besten Jahre sind vorbei«, oder: »Jetzt geht es nur noch bergab!« Manche stürzen sich dann in eine außereheliche Beziehung mit einem 20 Jahre jüngeren Partner. Hier könnte man kritisch sagen: »Jetzt könnte auch die gemeinsame Zeit der Selbstverwirklichung beginnen! Wieso rennst du vor dir selbst weg?«

Glück ist auch ein Kontrastphänomen. Nach einer »Durststrecke« weiß man die kleinen Freuden des Lebens wieder zu schätzen. Mit folgenden kleinen Tricks erschaffen Sie nichts anderes als Vorfreude auf den Tag oder die Stunde, an dem die »Krise« ein Ende hat. Wie wäre es damit:

> Lassen Sie mal das Mittagessen ausfallen und kochen Sie mit Ihrem Partner etwas richtig Extravagantes am Abend.
> Verzichten Sie ein paar Tage aufs Fernsehen. Am Sonntag können Sie sich dann fünf DVDs hintereinander ansehen.
> Motivieren Sie sich für den Samstagsputz, indem Sie sich und Ihrem Partner eine schöne Belohnung dafür in Aussicht stellen.
> Verbringen Sie nach einer harten Arbeitswoche den kompletten Sonntag mit Ihrem Liebsten im Bett.

Interesse macht lebendig

Was ebenfalls zur Steigerung der Lebenszufriedenheit beiträgt ist: Wissen, und zwar Wissen über den Menschen und seine Stellung in der Welt. Sich mit »den richtigen« Humanwissenschaften auseinanderzusetzen bereichert wie kaum etwas anderes.

Man betreibt auf wissenschaftlichem Niveau Selbst- und Fremderkenntnis. Die wichtigsten Fragen des Daseins werden einem z. B. vor allem durch philosophische Werke plötzlich wieder bewusst – und deren Bedeutung für das Leben! Sie kennen die klassischen Fragen, auf die es mittlerweile spannende Antworten gibt: Was kann ich wissen? (Erkenntnistheorie) – Was soll ich tun? (Frage nach der Moral) – Worauf kann ich hoffen? (Leben nach dem Tod?) – Schon vor mehr als 200 Jahren hat KANT sich diesen Fragen gewidmet. Es geht um »geistige Vielseitigkeit« (RATTNER und DANZER 2006), die im heutigen Zeitalter anscheinend mehr und mehr verloren geht.

Wo ist das »philosophische« bzw. »psychologische Staunen« geblieben?

Im Folgenden möchte ich Ihnen einige Themengebiete nahe bringen, die einerseits den Dingen auf den Grund gehen und andererseits so manche Erkenntnis zum Thema Menschliches, Allzumenschliches beigetragen haben:

1. Allen voran darf man sich natürlich mit *Philosophie* beschäftigen. Sie ist eine sehr alte Disziplin und darüber hinaus sehr breit auf dem Buchmarkt vertreten. Das ist auch gleichzeitig eine Überforderung. Was soll man lesen? Es gibt ein paar Hundert Denker, die in die Philosophiegeschichte eingegangen sind. Zur Orientierung bieten sich Einführungsbücher an. Hier kann man sich schon bestimmte Philosophen »rauspicken«. Eine andere Idee: Mit einem groben Überblick im Hinterkopf kann man sich an die Sekundärliteratur über einen bestimmten Denker wagen. Gleichzeitig sollten auch selbst verfasste Texte des jeweiligen Meisters gelesen werden. Denn einige der Schriftsteller zählen zu den Klassikern der deutschen Sprache. Ich empfehle zur Einführung zwei Philosophen, die sich mit dem »Menschen im Alltag« beschäftigt und sehr treffende Beobachtungen gemacht haben: ARTHUR SCHOPENHAUER und FRIEDRICH NIETZSCHE.
2. Die *Evolutionäre Psychologie* ist ebenfalls zu empfehlen. Sie setzt viele menschliche Phänomene, die jeder kennt, in Bezug zur Evolution, z.B. Angst, Aggression, kurzfristige bzw. langfristige Partnerwahl-Strategien von Frauen und Männern. Das alles wird innovativ beleuchtet und begründet. Zwar nicht der Weisheit letzter Schluss, aber vieles trifft ins Schwarze. Wer einige Grundlagenbücher zur Evolutionären Psychologie liest, versteht möglicherweise eigene Schattenseiten sowie charakteristische Verhaltensweisen bei der Partnerwahl besser.

3. Auch die Erkenntnisse der *Sozialpsychologie* sind hilfreich in Hinsicht auf den Umgang mit Menschen. Es geht u.a. um innere Gruppendynamik im Alltag, Prozesse *zwischen* Gruppen, Vorurteile, Rassismus, unbewusste Informationsverarbeitung im Alltag, Bedeutung und Bedrohung des Selbstkonzepts. In dieser Disziplin findet man viele »Steine der Weisheit«, wodurch so manches, was im zwischenmenschlichen Alltag alles schiefgeht, verständlich wird.
4. Wahrlich nicht zu überschätzen ist der Gewinn, der sich aus dem Studium der *Tiefenpsychologie* ziehen lässt. In diesem Teilgebiet der Psychologie werden vor allem unbewusste psychische Prozesse thematisiert. Wer entsprechende Literatur liest, lernt schnell, *warum* vieles, was Menschen sagen, tun oder unterlassen in völligem Gegensatz zu dem steht, was sich im Inneren des Betreffenden abspielt. Mit einem tiefenpsychologischem Blick kann man unglaublich viel Irrationales verstehen. Fangen Sie ruhig bei SIGMUND FREUD an. Vieles, was er geschrieben hat, ist eine Vorwegnahme von aktuellen neurowissenschaftlichen Befunden. Auch ALFRED ADLER und CARL GUSTAV JUNG, die die Psychoanalyse weiterentwickelt bzw. bereichert haben, sind interessant zu lesen. Natürlich sollten auch aktuelle Autoren gelesen werden. Sehr viele Erkenntnisse haben Tiefenpsychologen zu folgenden Themen gefunden: Angst, Eifersucht, Kommunikation, Körpersprache, Partnerwahl.
5. Um die Hirnforschung kommt man, will man sich selbst und andere verstehen, ebenfalls nicht herum. Mit neuen Forschungsmethoden, allen voran die sogenannten »bildgebenden Verfahren«, brachte man in den letzten beiden Jahrzehnten viel Licht ins Dunkel der menschlichen Psyche. Nur einige Beispiele: (a) In unserem Gehirn gibt es Areale, die ausschließlich für die unbewusste Informationsverarbeitung zuständig sind; (b) wir haben nicht ein einziges Ich,

sondern viele; (c) wir sind nicht in dem Maße willensfrei, wie wir glauben; (d) die niederen (emotionalen) Hirnregionen beeinflussen die höheren (kognitiven), ohne dass wir es merken.

Nun zur nächsten Säule des Glücks.

Aufregendes und Neues erleben – Flow-Erfahrungen machen

Wer Kinder hat, wird es wissen: die Neugier liegt in der menschlichen Natur. Tatsächlich ist der Säugling im wahrsten Sinne des Wortes *weltoffen*. Er will lernen und das »Drumherum« erforschen.

In den ersten Lebensjahren sind wir fasziniert von den »kleinen Dingen«. Das kann ein Schmetterling sein, ein Insekt, ein Teich, ein Baum usw. Man kann annehmen, dass Kinder ungleich glücklicher sind als Erwachsene. Sie leben meistens im Hier und Jetzt, und – wenn es die Umstände gut meinen – außerdem ohne schlechte Erinnerungen. Dass kindliche Neugier auch von schmerzhaften Erfahrungen begleitet wird (Beispiel: heiße Herdplatte), gehört zum Entwicklungsprozess dazu. Zahlreiche positive *und* negative Erlebnisse tragen zur Charakterbildung und zu realistischer Selbsteinschätzung bei.

Bedauerlicherweise verlieren viele Menschen ihre naturgegebene Neugier bald nach dem Eintritt in die Schule. Das »Kind in uns« hat schließlich in der Erwachsenenwelt nichts mehr verloren, wir blenden es aus. Grund: Wir müssen irgendwann zahllose soziale Rollen spielen. Das schränkt ein, wir verlieren die Selbstwahrnehmung.

Der Eintritt in die Welt der Erwachsenen scheint eine massive Glücksbremse zu sein. Der US-amerikanische Neurowissenschaftler Gregory Berns hat nicht aus Zufall eines seiner Bücher mit dem Titel versehen: *Satisfaction – Warum nur Neues uns glücklich macht* (2006).

Was meint er damit? *Berns* ist ein großer Dopamin-Fan und fragt sich infolgedessen: Wie schafft man es, den Dopaminfluss im Gehirn in Gang zu bringen? Seine Antwort: *Durch den Reiz des Neuen.* Durch erstmalige Lebenssituationen bzw. mittels selbst motivierter Veränderungen im Alltag tritt nämlich auch im Oberstübchen Veränderung ein.

Es lohnt sich sehr, über seinen Schatten zu springen. Das Gehirn muss öfter mal von »Autopilot« auf »Arbeitsmodus« umgeschaltet werden. Das geht nicht unbedingt ohne Stress und »Schweinehund-Überwindung« vonstatten, schließlich wird dadurch u.a. das Stresshormon Cortisol ausgeschüttet. Unser Gehirn wird sozusagen durch Eigeninitiative aus dem »energiesparsamen Alltag« herausgerissen. Doch der Effekt von Veränderung ist stets der gleiche. Denn: *Umgestaltung macht glücklich.*

Wir halten demgegenüber wie selbstverständlich lieber an den Gewohnheiten fest. Das spart Energie und ist gerade deshalb so verlockend. Doch man darf nicht zu häufig darauf hereinfallen. Berns (2006, 12) betont oft, wie wichtig es ist, sich am eigenen Schopfe aus dem Alltagstrott zu ziehen: »Es mag uns nicht immer in den Kram passen, dass sich die Welt um uns verändert und ständig etwas Neues passiert, doch unserem Gehirn gefällt es (letztendlich).«

Neue Erlebnisse und Erfahrungen sorgen also für *situatives* Glücksempfinden. Kann man auch *längerfristig* glücklich sein? Ja. Aber nur unter bestimmten Voraussetzungen.

Augenblick, verweile doch!

Überwiegend glücklich sein – das bedeutet entgegen so manchem Klischee nicht, stinkreich zu sein und/oder mit mehreren

Paletten Dosenbier/Flaschen Champagner tagelang am Strand zu liegen. Bei einer solchen Beschäftigung schweigen irgendwann die Motivationssysteme im Gehirn, d.h. die Glücksbotenstoffe versiegen. Folge: Die Langweile kommt nach kurzer Zeit in ihrem traurigen Gewand daher.

Glückliche Menschen scheinen im Gegensatz hierzu kreativ, sprich *aktiv* zu sein. Kein Wunder: Denn mit der »richtigen« Aktivität kommt der sogenannte Flow.

Das Flowkonzept geht auf den Psychologen Mihaly Csikszentmihalyi (sprich Tschikßentmiha:i) zurück, der nach 20-jähriger Forschungsarbeit 1990 sein Grundlagenbuch *Flow: Das Geheimnis des Glücks* veröffentlichte.

Flow – das ist ein seelischer Zustand, in dem das Erleben »schwerelos fließt«. Man kann das Wort Flow auch übersetzen mit: ruhiges Dahinströmen. Um gleich einem Irrtum vorzubeugen: Flow gibt es nicht umsonst. Ohne Engagement, Anstrengung und Konzentration wird es keinen Flow geben.

Wer ein Flow-Erlebnis hat, geht in einer Tätigkeit völlig auf. Sie wird um ihrer selbst willen ausgeführt. Dafür ist Konzentration unabdingbar. Der Betreffende richtet seine Aufmerksamkeit auf eine bestimmte Aufgabe und ist dabei hoch motiviert. Nach Fertigstellung des Projekts hat er ein Ziel erreicht, genauer gesagt, etwas zustande bekommen.

Das Drumherum spielt während des Flow-Zustands keine Rolle mehr. Zeit und Raum verflüchtigen sich. Man wird sozusagen eins mit der Aufgabe. Alltagssorgen und -ängste sind nicht mehr existent. Die Aktivität darf weder unter- noch überfordernd sein. Wenn die Tätigkeit beendet ist, fühlt man sich zufrieden und glücklich, weil uns das Gehirn mit der Ausschüttung von Dopamin und bestimmten Opioiden belohnt. Es gilt die Faustformel: Wer häufig Flow-Erlebnisse hat, fördert seine Lebensqualität.

Ich möchte Ihnen einige Anregungen geben. Probieren Sie doch mal folgende Aktivitäten aus, sie bergen Flow-Potenzial:

- Malen
- Ausdauersport
- einen Song komponieren
- ein Gedicht schreiben
- ein anspruchsvolles Buch lesen
- ein Buch *schreiben* (und veröffentlichen)
- ein Problem lösen (Sudoku, Kreuzworträtsel und Co.)
- Möbel aufschlagen
- Skifahren
- Tanzen
- Karten spielen
- Trommeln.

Sorgen Sie für ein paar Flow-Erlebnisse pro Woche – das macht insgesamt zufriedener. Übrigens bringen manche Berufe von Natur aus viele Flow-Erlebnisse mit sich. Wohl dem, der einen solchen hat. »Flow-Berufe« sind Beschäftigungen, die Gestaltungsmöglichkeiten offenlassen und eigene Kompetenzen berücksichtigen. Einige Beispiele: Künstler, Berufsschriftsteller, Fotograf, Designer, Musik- oder Filmproduzent.

Entschleunigen Sie Ihren Alltag

Auch die allseits bekannte Alltagshektik ist eine sehr effiziente Glücksbremse! Dass wir in einer sehr stressigen Zeit leben, quasi im »Zeitalter der Beschleunigung«, ist kein Geheimnis. Viele Menschen sind ständig unruhig, weil alltäglich gehetzt. Schnell noch einen *Coffee to go*, bevor das nächste Meeting startet. Später noch einen Burger mit Pommes im Fast-Food-Restaurant. Jeder Tag besteht aus Terminen und Zielen, die wir erreichen wollen oder sollen bzw. müssen.

Auch die freien Tage, eigentlich für die Erholung gedacht, werden von vielen Menschen, die sich stressen lassen, durchstrukturiert. Nehmen wir z.B. einen x-beliebigen Samstag. Meistens geht es doch um Folgendes: Einkaufen, Rasen mähen, Hausputz, Fußballplatz, sonstige Arbeiten erledigen. Wir sind auch an Wochenenden wie die Hamster im Rad, weil wir die beruflichen Zeitstrukturen mit ins Wochenende nehmen. Das ist anscheinend in unseren Köpfen drin. Sagen Sie nur mal freitags zu einem guten Freund: »Ich habe von Samstag bis Sonntag rein gar nichts vor.« Er wird Sie nicht ernst nehmen.

Und in Zeiten, in denen sich tatsächlich einmal *unerwartet* Freiräume ergeben – das können bereits einige Minuten in einer Supermarktschlange sein –, schlagen wir nur die Zeit tot. Wir sind es nicht gewohnt, *wirklich* abzuschalten oder Frei-Zeit für ein bewusstes Innehalten zu nutzen. Dazu tragen auch allerhand Geräte bei, die eigentlich der Zeitersparnis dienen sollen. Ich spreche von Computer, Handy, E-Mail, Internet. Wie viele Stunden verplempern wir mit den Neuen Medien? Warum müssen manche 13-mal am Tag und öfter die E-Mails checken? Nie im Traum würde uns in den Sinn kommen, ähnlich oft an den Briefkasten zu laufen. An der Spitze der Zeitverschwendungsmaschinerie steht übrigens das Fernsehen. Natürlich planen wir auch Freizeit ein, wir sehnen uns ja nach Ruhe und Entspannung. Was aber machen wir in den heiß ersehnten Phasen? Wir *vertreiben* wieder die Zeit damit vorauszudenken, *neue* Termine zu planen, die nächste Woche zu strukturieren usw.

Wir selbst tragen die Verantwortung für die Zeitverschwendung und nicht die Umstände!

Wir müssen uns klar machen, dass Zeit, wie *Einstein* sagte, *relativ* ist. Legen Sie mal Ihre Hand zehn Sekunden auf eine heiße Herdplatte. Währenddessen sind Sie völlig im Hier und Jetzt, und die eigentlich kurze Zeitspanne kommt Ihnen sehr, sehr lange vor. Ein Gespräch mit einer netten Person hingegen ist viel zu schnell vorbei, auch wenn es eine Stunde oder länger andauert. Und bekanntlich fehlt das Zeitempfinden völlig, wenn man im Flow ist.

Es gibt also nicht *die* Zeit an sich. Daher kommt es auch, dass das *alltägliche* Dahinrinnen von Zeit von jedem unterschiedlich erlebt wird. Fakt ist: Der persönliche *Umgangsstil* mit Zeit lässt die Tage schnell oder langsam vergehen. Mit den sogenannten individuellen *Zeitkonzepten* hat sich der Autor Olaf Georg Klein (2007) beschäftigt.

Um die Ursache der kollektiven Zeitvernichtung zu finden, müssen wir soziologisch, also gesellschaftsspezifisch reflektieren. In unserer Kultur geht es darum, viele Lebensbereiche bestmöglich und zeitökonomisch unter einen Hut zu bringen: Job, Partnerschaft, Familie, Freizeit usw. Dieses aufwendige Zeitmanagement offenbart sich in bekannten Volksweisheiten wie »Zeit ist Geld«, »Schaffe, schaffe, Häusle baue«. Und da wir ja von Geburt an von der Kultur (u. a. durch Bezugspersonen, Erzieher, Lehrer) geprägt werden, übernehmen die meisten von uns dieses sehr einseitige Zeitkonzept. Wir klagen allabendlich über zu viel Stress und zu wenig Zeit, aber sehen nicht, dass *auch* unser unbewusstes Zeitkonzept Wir schieben die Schuld gänzlich auf die äußeren Umstände und fragen uns gewöhnlich nicht: »Was ist *mein* Anteil an der alltäglichen Zeitvernichtung?«, oder: »Übertreibe ich es vielleicht ein kleines bisschen? Wo gibt es tatsächlich Lücken?« Die Wahrheit liegt wie immer in der Mitte. Freiräume gibt es immer. Und die sollte man nutzen. Tun wir es nicht, setzen wir uns vielleicht zu viel Stress aus, und das hat schwer wiegende Auswirkungen: Depression, Gefahr des Burnout, Frustrations-Aggressions-Abbau im sozialen Umfeld usw. Ein ebenfalls sehr deprimierender Gedanke: mit einem engmaschigen Zeitkonzept wird man vor allem eins: schnell *alt*! Fazit: Sie haben nur ein Leben. Nutzen Sie es. Sie haben die Möglichkeit, jeden neuen Tag zu entschleunigen. Warum ist das sinnvoll? Er ist einzigartig und kommt nie wieder.

Nur das Hier und Jetzt zählt

»Das Glück liegt stets (...) in der Zukunft, oder auch in der Vergangenheit, und die Gegenwart ist mit einer kleinen dunklen Wolke zu vergleichen, welche der Wind über die besonnte Fläche treibt: vor ihr und hinter ihr ist Alles hell, nur sie selbst wirft stets einen Schatten. Sie ist demnach allezeit ungenügend.« Diese Worte stammen aus dem Hauptwerk *Arthur Schopenhauers*: *Die Welt als Wille und Vorstellung*. Ich finde, er beschreibt sehr trefflich, wie wir häufig mit der Gegenwart verfahren. Wir sollten Sie schätzen lernen!

Hier ein paar Anregungen:

1. Töten Sie nicht die Langeweile! – In den seltenen Situationen, in denen sich die Zeit zieht wie Kaugummi, neigen wir schnell zur Ablenkung. Wir schalten das Radio ein, den Fernseher, surfen sinnlos im Internet herum usw. Solche »Berieselungen« sind unbefriedigend. Nutzen Sie solche Situationen lieber für anregende Gedanken, Beobachtungen und Tagträume.
2. Erstellen Sie eine Tabelle, auf der abzulesen ist, wie ein typischer 24-Stunden-Tag unter der Woche von Ihnen organisiert ist. So sieht er beispielsweise bei mir momentan aus: Schlafen/Hygiene: 8 Stunden; Beruf/Lesen/Schreiben: 8 Stunden; Essen: 1,5 Stunden; Haushalt/Einkaufen: 1,5 Stunden; Familie: 3 Stunden; Langeweile sinnlos totschlagen: 2 Stunden. Nicht optimal, oder? Auf diese Weise kommen Sie auch Ihrem persönlichen Umgang mit der Zeit auf die Spur. Das kann plötzlich Raum für kleine Veränderungen eröffnen.
3. Planen Sie »kontemplative Pausen« ein! – »Entspannende Breaks« geben, wenn Sie sinnvoll genutzt werden, dem Alltag wieder Glanz. Sie tun schon viel für Ihre Psychohygiene, wenn Sie täglich 30 Minuten fürs Nichtstun reservieren. Ich meine hier das Nichtstun im meditativen Sinn. In einer

ruhigen Umgebung etwa kann man wieder zu sich selbst kommen. Dafür muss man aber auch mal *alles* stehen und liegen lassen können. In solchen Momenten, die sehr befreiend wirken können, schleichen sich immer wieder automatisierte Gedanken ein, etwa: »Ich muss noch die E-Mail von meiner Kollegin beantworten!« oder: »Ob die Waschmaschine schon fertig ist?« Solche »Störer« müssen Sie bemerken und »wegschieben«.
Konzentrieren Sie sich auf Ihren Atem oder auf einen bestimmten Begriff. Schließen Sie die Augen, entspannen Sie Ihre Muskeln. Diese Übung können Sie sitzend oder liegend praktizieren.

Soziale Beziehungen

Darwin hat unser Menschenbild revolutioniert. Zentral ist seine These: »Alles Leben ist einem Selektionsdruck ausgesetzt, und nur gut angepasste Individuen überleben und pflanzen sich fort. Egoismus bzw. Durchsetzungsfähigkeit ist daher *das* Grundmotiv menschlichen Handelns.« Aus heutiger wissenschaftlicher Sicht lässt sich diese Auffassung kritisieren. Dass wir letzten Endes *nur* auf unseren eigenen Vorteil hin handeln ist zu einseitig. Soziale Eigenschaften gehen nicht zwingend auf Egoismus zurück. Wir Menschen sind eigentlich von Geburt an auf sozialen Kontakt programmiert, ja angewiesen. Wir würden ohne unser soziales Umfeld gar nicht überleben.

Der Hirnforscher Joachim Bauer (2007b, 21) kommt aufgrund von neurowissenschaftlichen Erkenntnissen, die in den letzten Jahren erarbeitet wurden, zu dem Schluss: »Kern aller menschlichen Motivation ist es, zwischenmenschliche Anerkennung, Wertschätzung, Zuwendung oder Zuneigung zu finden und zu geben.« Er begründet seine These mit der Entdeckung der sogenannten Motivationssysteme im Gehirn. Der Kern der Motivationssysteme liegt im Mittelhirn und besteht aus zwei Komponenten, die eine Art »Achse« bilden. Wenn die Systeme »hochfahren«, also aktiv werden, wird u.a. gleichzeitig der Glücksbotenstoff Dopamin ausgeschüttet. Er ist sozusagen das »chemische Zuckerstückchen« für das Gehirn (BERNS 2006), manche Forscher sagen auch: das »Molekül des Wollens« (KLEIN).

Dopamin sorgt einerseits für Wohlbefinden und andererseits für unsere Aktivitätsbereitschaft. Außerdem werden infolge der Achsenaktivität sogenannte Opioide freigesetzt. Das sind körpereigene Substanzen, die eine ähnliche Wirkung haben wie Opium oder Heroin. Und letztlich gelangt derweil auch Oxytocin in den Körper, ebenfalls ein Wohlfühl-Botenstoff, zuständig für Bindung und Vertrauen.

Durch verschiedene Drogen lässt sich das eben erwähnte System stimulieren. Das hat die Natur natürlich nicht so geplant. Wir Menschen suchen seit Jahrtausenden den Kick, und man kann sagen, dass wir diesbezüglich sehr kreativ waren und sind, ansonsten gäbe es heute gar keine legalen und illegalen Drogen. Eigentlich, und das ist der tiefere Sinn, sollen die Motivationssysteme mehr Glück ins *Zwischenmenschliche* bringen, denn: »Nichts aktiviert die Motivationssysteme so sehr wie der Wunsch, von anderen gesehen zu werden, die Aussicht auf soziale Anerkennung, das erleben positiver Zuwendung und – erst recht – die Erfahrung von Liebe«, resümiert BAUER (2007b, 35). Das heißt, der *Mitmensch* ist ein potenzieller Glücksbringer. Ohne den Anderen geht es nicht! Werden wir anerkannt, oder erfahren wir Zuneigung und Akzeptanz, werden sofort Glücksbotenstoffe ausgeschüttet und es geht uns gut. Daher sagt auch STEFAN KLEIN (2004, 172): »Freundschaften und die Wärme einer Familie sind wie ein Nährboden, auf dem Glück gedeiht.«

Nun gibt es bekanntlich Einzelgänger, die spitzfindig die Ehe verteufeln. So eine Episode gab es bei mir auch. Ich habe zeitweise in meiner Studentenzeit ausschließlich *Schopenhauer* gelesen und dabei bedeutungsvoll in ein Glas Rotwein genickt: »Ja, Arthur, es stimmt, Beziehungen bringen nix.«

Dabei, und das weiß ich erst aus heutiger Perspektive, war der Grund, warum ich überhaupt den alten Menschenfeind las, eine Verflossene, die mich drei Monate zuvor abserviert hatte. Aufgrund meiner Enttäuschung habe ich mir einen Philosophen gesucht, der meine Frustration geistreich bestätigte. Ich war gar nicht offen für eine andere Wahrnehmung.

Freunde sind Glücksbringer

Am meisten sind wir übrigens auf Empathie angewiesen. Mathias Schreiber (2009, 234) stellt entsprechend fest: »Ohne Mitgefühl, das man empfängt und auch gibt, kann keiner glücklich werden.« Wenn wir uns etwa jemandem sehr intim anvertrauen, haben wir immer auch Erwartungen an den Anderen. Unser Anvertrau-Versuch gelingt letztlich nur, wenn der Andere uns (a) zuhört, (b) mit uns *mitfühlt* und unsere (c) Stimmungen körpersprachlich *spiegelt.* Wenn jemand nach*empfinden* kann, wie es uns geht und mit uns gemeinsam über dieses oder jenes Problem laut reflektiert, sind wir glücklich, weil die oben erwähnten Glücksbotenstoffe ausgeschüttet werden. Das belegt einmal mehr, wie wichtig authentische zwischenmenschliche Begegnungen für uns sind.

Doch leider fehlen uns häufig solche Menschen in unserem Umfeld. Obwohl echte Freunde laut den Recherchen von Eckart von Hirschhausen (2009) die größten Glücksbringer sind, sind sie anscheinend so selten wie ein vierblättriges Kleeblatt. Wie sieht es denn wirklich aus? Im Alltag verbringen wir gezwungenermaßen die meiste Zeit mit Menschen, denen wir emotional nicht sehr nahe stehen. Unser berufliches Umfeld können wir uns nicht aussuchen, unser soziales nur bedingt. Wer etwa heiratet, der heiratet eine andere Familie im Gesamtpaket gleich mit. Unter Umständen zieht man nicht das große Los und muss sich die meiste Zeit mit oberflächlichen Konversationen und unliebsamen Spielen begnügen, bei denen man nur zugedachte Rollen (z. B. »Zuhörer«, »Bewunder«) ausfüllen muss. Dem Partner ergeht es da meistens besser, ist er doch emotional mit seiner Familie viel stärker verbunden.

Hirschhausen (2009, 127) hat gegen den inneren Schweinehund bei der Pflege unserer Freundschaften die sogenannte Rote-Kringel-Übung entworfen, damit man solchen traurigen Entwicklungen vorbeugen kann:

1. Checken Sie Ihr Notizbuch, in dem die Freunde, Bekannten und Verwandten ihren Platz haben. Fragen Sie sich: Mit wem kann ich gemeinsam lachen, weinen und auch schweigen?
2. Machen Sie um die wichtigsten Personen einen roten Kringel.
3. Diese Personen sind Glücksgaranten. Warum berücksichtigen wir sie nicht häufiger? Wir haben sicher mehr davon, wenn wir uns überwinden und diese »Glücksbringer« jede Woche einmal kontaktieren.

Doch nicht nur die besten Freunde sind von Vernachlässigungstendenzen betroffen, manchmal auch aus vermeintlich »guten Gründen« die Herkunftsfamilie.

Verzeihen Sie Ihren Bezugspersonen

»Wer hat keinen Grund, über seine Eltern zu klagen«, sagte *Nietzsche* einmal. Sicherlich machen die Erzieher nicht alles richtig, es sind ja auch nur Menschen mitsamt ihren Schattenseiten, Abwehrmechanismen und inneren Zwiespälten.

Es mag viele Menschen geben, die permanent über ihre Kindheit lamentieren, über verschiedene unliebsame Situationen, die man miterleben musste. Doch haben sich Betreffende mal in ihre Eltern eingefühlt, den Perspektivenwechsel vollzogen? Wohl nicht. Oft ist es doch so, dass Eltern, die früher schwierig waren, selbst wahrscheinlich »Opfer« waren. Sie waren ja auch mal klein und mussten sich mit Bezugspersonen auseinandersetzen. Allen, die von ihren Eltern aus welchen Gründe auch immer enttäuscht sind, sei empfohlen: Verzeihen Sie, lassen Sie los! Vorbei ist vorbei! Ändern können Sie nichts mehr. Es geht nicht darum, zu verurteilen, sondern um Akzeptanz bzw. Versöhnung. Die Bindung zwischen Eltern und Kind ist die fundamentalste Erfahrung. Man sollte nicht auf sie verzichten.

Wie sagt doch Wolf Schneider (2007, 90) so schön: »Pflege die Erinnerung, aber wühle nicht in der Vergangenheit.«

Soziale Intelligenz in der Partnerschaft

Auch so manche Zweierbeziehung verträgt ein »Update«. Paartherapeuten wissen: Unrealistische Erwartungen an den anderen, die wiederum unbewusst auf bestimmten Erfahrungen basieren, sind sehr zahlreich. Zum Beispiel nach dem Motto: *Der Andere soll mich bitteschön lieben, ich habe schließlich schon genug investiert.* Natürlich kommt es demgegenüber auf *Gegenseitigkeit* an. Wenn Sie etwa mal Ihre eigene Beziehung ins Auge fassen, wird Ihnen vielleicht auffallen: vieles ist Routine, vieles hat sich eingespielt. Wer sich das vor Augen führt und eingesteht, ist schon einen Schritt weiter. Routine ist grundsätzlich nichts Ungewöhnliches, um den »Alltagstrott« kommt man oft gar nicht herum, vor allem aufgrund von Berufsstress. Glücklicherweise gibt es Wege, das Gewohnheitstier mal wieder auf Trab zu bringen.

1. Liebe braucht ständige Pflege. Schenken Sie dem Anderen am Tag mindestens ein Kompliment. (Dafür muss man natürlich aufmerksam sein.)
2. Üben Sie sich in Dankbarkeit und Hilfsbereitschaft. Die Effizienz dieser beiden Faktoren hat die Psychologin Sonja Lyubomirsky (2008) in eigenen Forschungsprojekten nachgewiesen.
   Zunächst einige Worte zur Dankbarkeit. Man darf sie ruhig offensichtlich zeigen. Bei diesem Unternehmen kann man mal etwas Neues ausprobieren. Und das geht so: Führen Sie zunächst Tagebuch. Darin können Sie festhalten, wofür Sie Ihrem Partner *konkret* danken. Wenn Sie »ihr Päckchen« geschrieben haben – und das ist die Absicht –, hellt sich automatisch Ihre Stimmung auf. Es wird geradezu schwer, sich selbst und dem Anderen auf die Nerven zu gehen. Das fertige Werk dürfen Sie natürlich dem Partner auch mal unterbreiten.
   Nun zur Hilfsbereitschaft. *Lyubomirsky* wies nach: Wer innerhalb einer Woche seinen Mitmenschen fünfmal unter die Arme greift, der ist insgesamt zufriedener und fühlt sich gut. Dieses Prozedere hat wiederum positive Auswirkungen auf die Partnerschaft. Also: Ausprobieren!
3. Gemeinsamer Spaß, geistiger Austausch, viel Kuscheln (inklusive Händchenhalten) – das alles sind Voraussetzungen für partnerschaftliches Glück.
4. Schenken Sie dem anderen Empathie, d.h. Einfühlungsvermögen. Wenn Sie Erlebnisse aus seinem Alltag erzählt bekommen, konzentrieren Sie sich bewusst auf die Schilderungen. Spiegeln Sie dabei ansatzweise seine Empfindungen. Und nicht gleich Ratschläge geben! Ratschläge sind auch »Schläge«. Zapfen Sie, wenn Sie Ihrem Partner einen Gefallen tun wollen, auch die Ebene der Gefühle und Bedürfnisse des Partners an, z.B. so: »Und da warst du bestimmt

sehr frustriert – was kann ich tun, damit es dir besser geht?« Wenn Sie zwei-, dreimal die Woche entsprechend auftreten, wird der positive Effekt nicht ausbleiben.

Altruismus – »Verletze niemanden, vielmehr hilf allen, soweit du kannst«

Stellen wir uns mal folgenden, zweifellos utopischen Zustand vor: *Jeder* Mensch wäre überdurchschnittlich empathisch und könnte entsprechend Freud und Leid des anderen mitempfinden. Etwas poetischer gesagt: Aus dem »Ich« und »Du« würde ein »Wir« werden, sobald sich zwei Menschen über den Weg liefen. Das wär was! Keine Kriege, keine sonstigen alltäglichen Abscheulichkeiten mehr, die wir uns selbst und anderen antun. Friede, Freude, Eierkuchen …

Die Realität sieht bekanntlich anders aus:

› Viele haben keinen Zugang zu ihren innerpsychischen Motiven, die sie alltäglich zu diesen oder jenen Verhaltensweisen anspornen. Selbst- und Fremd-Unkenntnis sind an der Tagesordnung.
› Zahllose negative Vorurteile bestimmen unseren Alltag, führen in Beruf und Freizeit zu zig Fällen von übler Nachrede, Mobbing, Diskriminierung und Sadismus.
› Die meisten Menschen halten unbewusst an irrationalen Kommunikations- und Bindungsmustern aus der Kindheit fest.
› Nicht-Authentizität ist trendy. Im Alltag kommt es immer wieder unbewusst zu falschen Einschätzungen, auch weil Millionen Personen ihre Mitmenschen in deren »innere Lebenslandkarte« pressen. Man kennt es nicht anders.
› Um den Selbstwert zu erhöhen verzerren viele Menschen die Wirklichkeit und bringen dadurch einen großen

emotionalen Abstand zwischen sich und die Mitmensch. Diese Kluft öffnet dann den allseits bekannten Bösartigkeiten Tür und Tor. Ein Teufelskreis.

Und wenn wir noch ins Auge fassen, wie wir mit unsere Umwelt und vor allem mit den Tieren umgehen, dann muss man sagen: Lieber zu Hause einschließen und nicht zu viel nachdenken. Allerdings ist derjenige »Menschenkenner«, der sich aufgrund eines solchen pessimistischen Menschenbildes von anderen isoliert und die Gesellschaft meidet, auf dem Holzweg. Denn trotz allem gilt: *Der größte Gewinn ist der Mitmensch.*

Seien Sie ungewöhnlich

Wir alle kennen Personen, auch außerhalb der Familie, die es irgendwann einmal gut mit uns gemeint haben. Vielleicht war das ein bestimmter Erzieher im Kindergarten, ein gewisser Lehrer in der Schule. Man hat uns uneigennützig geholfen, unterstützt. Vielleicht hat Ihnen sogar jemand mal das Leben gerettet?

Warum erinnern wir uns an solche Persönlichkeiten? Betreffende imponierten uns durch ihre großherzige Hilfsbereitschaft und ihr Einfühlungsvermögen. Sie verhielten sich *moralisch*.

Warum jemand moralisch handelt, das kann verschiedene Ursachen haben:

1. Eine *religiöse Gesinnung* kann eine Motivation sein.
2. Ein gut funktionierendes Über-Ich (Gewissen).
3. Manche Menschen helfen denjenigen, die hilfsbedürftig sind, weil sie dadurch ihr Selbstwertgefühl stabilisieren, sich aufwerten. In sozialen Berufen sind solche Helferpersönlichkeiten vermehrt zu finden.
4. *Mitleid* ist eine weitere Grundlage der Moral.

Einem Menschen in Not wird es letztlich egal sein, aus welchen inneren Beweggründen der Andere ihm unter die Arme greift. Nun kennen wir ja auch übliche unmoralische Alltagssituationen, die Bände sprechen. Bei so gut wie jedem Unfall auf der Autobahn kommt es zu »Gafferstaus«. In fast jeder formalen Gruppe (Schulklasse, Büro-Abteilung, Verein) gibt es »Sündenböcke«. Jeder weiß von kleinen und großen Konflikten in allen Lebensbereichen zu berichten, bei denen es weniger um Moral geht als darum, dem Anderen so viel Schaden wie möglich zuzufügen. Kurz gesagt, moralisches Handeln scheint im Vergleich zu dem, was im Großen und Ganzen im Alltag passiert, die Ausnahme zu sein. Moralisches Handeln tut daher Not. Die Fähigkeit, sich in andere einzufühlen und sie entsprechend moralisch zu behandeln, – das ist nichts anderes als die Voraussetzung dafür, dass die Menschheit überlebt und nicht untergeht. Es gibt gar keine Alternative. Moralisches Handeln belohnt sich selbst, es macht Sie und andere glücklich! Schreiben Sie sich den *Schopenhauer'schen* Satz aus der Überschrift auf Ihre Fahnen: Verletze niemanden, vielmehr hilf allen, soweit du kannst.«

Eine andere Idee: Sie können auch in »schwachen Momenten« versuchen, die Perspektive der »lieben« Nachbarn, Kollegen usw. einzunehmen, die einen gerade nerven. Konzentrieren Sie sich auf deren Lebensinhalte. Sie werden schnell sehen: Der andere hat auch seine persönlichen Sorgen und Nöte und will auch nur »leben« und glücklich werden. Er sitzt sozusagen mit Ihnen im selben Boot.

Moralisches Handeln schließt natürlich den Schutz der Tiere mit ein. Alle Wirbeltiere haben ein limbisches System und sind infolgedessen *sehr* leidens- und schmerzfähig (so wie wir).

Man kann als Menschenkenner übrigens leicht zu dem Schluss kommen, der schon *Arthur Schopenhauer* durch den Kopf ging: »Mitleid mit den Tieren hängt mit der Güte des Charakters so genau zusammen, dass man zuversichtlich behaupten darf, wer gegen Tiere grausam ist, kann kein guter Mensch sein.«

Selbstwert – »Yes – I can!«

Wer ein gesundes Selbstwertgefühl hat, der ist mit sich selbst, seiner Lebenshaltung und mit seinem Leben im Großen und Ganzen zufrieden. Der Betreffende weiß weitgehend um die eigenen Stärken und (vielen) Schwächen und kann sich entsprechend als »ganzheitliche Person« akzeptieren. Ecken und Kanten sind nicht hinter einer Alltagsmaske versteckt, sie machen ja einen selbstsicheren und somit auch authentischen Menschen aus. Daher sagt er auch meistens das, was er wirklich denkt – auch häufig »nein!« –, freilich ohne die Mitmenschen vor den Kopf zu stoßen. Andere aus dem Umfeld sind nicht imstande, ihn vom »eingeschlagenen Weg« abzubringen. Zeiten, die nicht so gut laufen, werden von selbstsicheren Charakteren mehr recht als schlecht durchgestanden. Auch depressive Verstimmungen werfen einen nicht um, sie werden sogar bewusst akzeptiert. Denn man weiß: Das geht vorbei! Über Lob freut man sich nicht übermäßig, Kritik wird meistens konstruktiv aufgefasst. Ein solcher Mensch ist im Vergleich zu nicht begünstigten Personen glücklich. Er ist zufriedener, gesünder und hat mehr Erfolg im Leben, d.h. in Schule und Beruf (Schütz 2005).

Innerpsychische Selbstwertbremsen

Viele Menschen verfügen nicht über derartige Kompetenzen. Wenn das Selbstwertgefühl insgesamt fragil bzw. aus zahlreichen Widersprüchen zwischen »unbewussten-» und »bewussten Ich-Inhalten« besteht, kommt es zu folgenden Phänomenen, die relativ konstant und häufig auftreten:

- Ständig melden sich Gewissensbisse im Alltag zu Wort, der »innere Kritiker« kommentiert regelmäßig alle möglichen Gedanken und Taten und sorgt für Minderwertigkeitsgefühle.
- Man beschäftigt sich permanent mit sich selbst bzw. seiner Außenwirkung.
- Es existiert ein starkes Bestreben, möglichst allen zu gefallen. Schuldgefühle kommen schnell auf, wenn das nicht klappt.
- Schlagfertigkeit gehört nicht zu den persönlichen Eigenschaften. Schon eine spitzfindige Bemerkung über die eigene Person reicht aus, um die Stimmung gänzlich kippen zu lassen.
- Überdurchschnittlich viele Missgeschicke passieren im Alltag. Grund: eine unbewusste Selbstsabotage aus dem Verborgenen sorgt dafür, dass man oft versagt. Dadurch wird das schwache Selbstbild wieder bestätigt.
- Auto-aggressive Selbst-Zuschreibungen werden bei kleineren und größeren Malheurs aktiviert, etwa: »Menschenskinder, was bin ich dumm! Sag mir, dass ich dumm bin!«
- Betreffende brauchen häufig positives Feedback, selbst für Kleinigkeiten: »Na, Schatz, schmeckt dir das Essen?« Häufig spielt man das Spiel »Fishing-for-compliments«.
- Manchmal befinden sich Betreffende auch in der Perfektionismusfalle und wollen entsprechend alles richtig machen, sodass niemand auch nur ein negatives Wort über einen sagen kann.
- In Alltagsgesprächen wertet man eigene Leistungen ab: »Ach, vergiss es. Nicht der Rede wert!«

Tunen Sie Ihr Selbstwertgefühl!

Es gibt viele Ursachen, wieso es mit dem Selbstwertgefühl nicht allzu rosig aussieht. Oft stehen sich Betroffene selbst im Weg. Genauer gesagt, bestimmte nachteilige Programmierungen aus der Kindheit, die im »unbewussten Selbst« abgespeichert sind, sabotieren das Selbstwertgefühl in vielen Alltagssituationen. Es gibt Möglichkeiten, seine Persönlichkeit zu stärken, hier einige Methoden:

1. *Selbstverwirklichung* ist das A und O. Denn wer seine eigenen Potenziale nicht entfaltet, kann nicht dauerhaft glücklich sein. Populäre Stolpersteine der Selbstentfaltung sind meistens hinderliche Denkmuster wie »Das kann ich nicht«, »Dafür habe ich kein Talent« oder: »Das konnte ich noch nie!« Hierzu muss man wissen, dass solche Selbstzuschreibungen meistens lediglich durch einige blöde Situationen zustande kamen, in denen etwas schief ging. Ein Beispiel: Vielleicht hat man sich mal vor Jahrzehnten ans Klavier gesetzt und wurde von irgendjemandem ausgelacht. Das hat Auswirkungen. Wie Sie wissen, werden peinliche Situationen im Gehirn abgespeichert, und sie erschweren zukünftige Ambitionen, die in dieselbe oder eine ähnliche Richtung gehen.

   Viele Menschen mit beschädigtem Selbstwert haben entsprechende hinderliche Selbst-Schemata verinnerlicht. Eigentlich stehen solche Urteile auf tönernen Füßen. Doch Betreffende lassen sich von ihnen die Selbstverwirklichung gänzlich vermiesen, weil sie nicht wissen, dass es sich hierbei um irrationale Selbstzuschreibungen handelt, die lediglich auf einigen *Erfahrungen* basieren.

   Nun, wir sind alle nicht frei davon. Daraus folgt, dass Sie in Zukunft vor allem diejenigen Tätigkeiten mit Mut und Engagement ausprobieren dürfen, vor denen Sie den absoluten Horror haben. Entsprechende Ausflüge in die Welt des Sports, der Künste, Literatur usw. werden nicht folgenlos bleiben. Sie werden Erfolgserlebnisse verbuchen, an verschiedenen Aktivitäten Gefallen finden und ihre verschütteten Potenziale freilegen und ausleben können.

2. Den *inneren Kritiker lahmlegen.* Wer in der Perfektionismusfalle gefangen ist, wird meistens Schritt auf Tritt von einer inneren Stimme begleitet, die ungefragt stets »ihren Senf« zu allen möglichen Situationen abgibt. Der innere Kritiker setzt einen auch unter Druck, indem er den Betreffenden zu mehr Leistungsbereitschaft anspornt: »Du musst mehr arbeiten« – »Bewerbe dich auf die besser bezahlte Stelle« – »Fordere mehr von dir!«
   Betroffene dürfen sich bewusst machen, dass der innere Kritiker zwar ein Teil der eigenen Persönlichkeit ist; aber er war nicht von Anfang an »da«. Wer Perfektionist ist, wirklich in sich geht, Widerstände überwindet und die Wahrheit sucht, der sieht schnell: der innere Kritiker spricht genauso wie eine bestimmte Person (oder mehrere) aus dem engsten Umfeld. Der innere Kritiker war irgendwann einmal ein »äußerer Kritiker«, den man verinnerlicht und zu einem Teil der eigenen Persönlichkeit gemacht hat.
   Wer sich das bewusst macht, kann die Dinge ändern. Und das geht so: In Zukunft muss der innere Kritiker (a) bemerkt, (b) entlarvt und (c) bloßgestellt werden. D.h., hinderliche Gedanken müssen Sie in entsprechenden Situationen klar fassen und ad absurdum führen. Es geht auch darum, sich selbst mehr anzuerkennen. Stellen Sie eine Liste zusammen, in der Sie alles eintragen, was Sie bisher erreicht bzw. geleistet haben. Das ist höchstwahrscheinlich schon einiges. Und das nächste Mal, wenn die innere Stimme ansetzt, zücken Sie die Liste …

Das Ziel ist natürlich nicht die Ausprägung eines Selbstwertgefühls, das frei von jeglichen Schwankungen ist. Das ist unmöglich. Außerdem wäre man quasi abgeschottet vom Einfluss der anderen, was tatsächlich einen schon fast an autistische Züge denken lässt. Daher sagt auch der französische Psychiater

Christophe André (2006, 35): »Schwankungen des Selbstwertgefühls sind legitim und nützlich.« Den positiven Effekt von Anerkennung gilt es im Hinterkopf zu behalten. Bestätigung ist ein fundamentales Grundbedürfnis und darf daher auch mal bewusst gesucht bzw. provoziert werden. Mathias Schreiber (2009, 21) konstatiert entsprechend: »In der Tat ist der Kampf um Anerkennung, wenn er erfolgreich ausgeht, eine der ergiebigsten Quellen des Glücks.«

Auf einem Bein steht man schlecht

Anerkennung können Sie auch dann genießen, wenn Sie, beruflich betrachtet, nicht alles auf ein Pferd setzen, sondern mehrgleisig fahren. Tun Sie es nicht, hängt Wohl und Wehe von einer einzigen Beschäftigung ab. Solange alles gut läuft, gibt es natürlich keine Probleme. Was aber, wenn plötzlich Kurzarbeit oder, noch schlimmer, eine Kündigung im Raum steht? Eine Weltwirtschaftskrise könnte dies möglich machen. Da Sie ja sicher noch weitere Fähigkeiten haben, die Sie fördern können – worauf warten Sie noch! Parallel zum Berufsalltag können Sie sich fortbilden, ein Gewerbe anmelden usw. Möglicherweise wird etwas Großes daraus. Und wenn nicht: immerhin kommen Sie sicher oft in den Flow bei selbst gewählten Aktivitäten.

Ein kleines Beispiel aus meinem Bekanntenkreis. Ein guter Freund von mir züchtet Peperoni- und Chili-Schoten auf seinem Balkon. Das ist zu seinem Hobby geworden, er geht ganz darin auf. Daneben hat er sich auch schon als Dip-Produzent versucht. Schmeckt sehr gut, das Ganze. Sein Traum ist es, irgendwann die Produkte zu vermarkten. Derzeit hat er einen Bürojob, der ihn nicht glücklich macht. Natürlich wird er – wie die meisten anderen auch – für seinen Traum hart arbeiten müssen. Aber falls er irgendwann in Erfüllung gehen sollte, dann wird das Glück ihn oft »küssen«. Nun, was er kann, das können Sie auch. Sie müssen lediglich Ihren Bereich finden, in dem Sie sich engagieren wollen.

Humor

Ein Ehepaar sitzt beim Italiener zu fortgeschrittener Stunde. Als beide das x-te Mal miteinander anstoßen wollen, passiert dem Herrn ein Missgeschick. Er verschüttet das halbe Weinglas. Das Meiste landet auf seiner Hose. »Verdammt, Helga, ich seh aus wie ein SCHWEIN!«
Helga: »Ja, das stimmt – und jetzt hast du dir auch noch deine Hose mit Rotwein versaut.«

Viele Menschen, die selbstsicher sind, haben auch Humor. Das ist kein Zufall. Denn Humor ist eine effiziente Methode, die kleinen und großen Unannehmlichkeiten des Daseins zu ertragen. Ich denke da vor allem an den Umgang mit schwierigen Zeitgenossen. Spaßvögel sehen die Dinge, die uns umgeben, klarer. Sie haben einen scharfen Blick für die Schwächen von Otto Normalverbraucher. Man muss aber differenzieren. Kommt der Witz dauerhaft als Zynismus daher, der sich immer wieder gegen bestimmte Mitmenschen richtet, dann werden damit latente Aggressionen nach außen gekehrt.

Bleiben wir beim »gesunden Humor«. Ganz ehrlich: Ich kann über den Witz oben laut und herzhaft lachen. Humor ist aber Geschmackssache. Jeder hat seinen eigenen Stil. (Gute) Witze gehören natürlich auch zu den kleinen Glücken des Daseins. Nach neuen Erkenntnissen ist Humor eine angeborene Fähigkeit. Schließlich lächeln schon Babys ihre Eltern an, und auch beim kindlichen Spiel ist das Lachen ein wesentliches Element.

Wann haben Sie das letzte Mal vor Lachen die Fassung verloren? Lachen hilft gegen Depression, Ärger und Angst. Darum möchte ich Ihnen ein paar allgemeine Anregungen geben, wie Sie mehr Humor in Ihr Leben lassen können:

1. Achten Sie bewusst die nächsten Tage darauf, was genau Sie amüsiert bzw. zum Lachen bringt. Hier können Sie ansetzen, d.h. bewusst ihren charakteristischen Humor verwirklichen.
2. Witzige Filme mit dem Partner/der Familie schauen.
3. Mit dem Partner gemeinsam über die Schrullen und Macken Ihrer Mitmenschen lästern. Letztere sollten das aber nicht mitbekommen.
4. Lachen Sie ausgiebig über Ihre eigenen Schrullen und Macken! Lassen Sie auch Ihre Liebsten daran teilhaben.
5. Umgeben Sie sich mit Menschen, die Ihren Humor haben.
6. Erzählen Sie jeden Tag mindestens einen Witz!
7. Seien Sie mal wieder »ganz Kind«. Holen Sie die Eisenbahn mal wieder vom Dachboden und »spielen« Sie.

Denken Sie daran: Neurotische Menschen sind meistens nicht witzig, und wenn doch, dann unfreiwillig. Die beiden Tiefenpsychologen Josef Rattner und Gerhard Danzer (2006) meinen, dass die Abwesenheit von Humor nicht selten ein Hinweis auf Psychopathologie sei.

Resümee und Ausblick

Ein Leben ohne Selbsterforschung ist nicht wert, gelebt zu werden.

Sokrates

Zum Besten, was wir vom Leben haben können, gehört ein anhaltender Unterstrom von Genugtuung darüber, sich auf der Welt halbwegs komfortabel eingerichtet zu haben, im Beruf, in der Familie, im Wohlstand, mit einem Quantum Macht und ein paar Gründen, stolz zu sein.

Wolf Schneider

Die persönliche Existenz ist ein Abenteuer, das jeder selbst verantworten muss.

Josef Rattner & Gerhard Danzer

Die meisten Menschen wollen glücklich sein, und man kann davon ausgehen, dass dieses Streben so alt ist wie unsere Art selbst. Doch es gibt hierbei ein existenzielles, Problem. Zum einen stehen wir uns aufgrund unserer inneren Widersprüche bei der Glückssuche oft selbst im Weg. Zum anderen haben wir irrationale Vorstellungen davon, was Glück genau ist. Das kann dazu führen, dass man ein Leben lang ein Phantom jagt. »Die Absicht, dass der Mensch glücklich sei, ist im Plan der Schöpfung nicht enthalten«, meinte SIGMUND FREUD, wobei er etwas zu radikal war. Das allgemeine »Unglück in der Kultur« sah er durch unsere innere Zwiespältigkeit verursacht, die durch die Existenz der drei Persönlichkeitszustände »Es«, »Ich« und »Über-Ich« zustande kommt. Das »Es«, in dem die Triebe verortet sind, steht im Gegensatz zu den verinnerlichten Ansprüchen unserer Kultur (»Über-Ich«). Inmitten des permanenten Konflikts zwischen den beiden Kräften muss das »Ich«, unser Bewusstsein, vermitteln. Eine unendliche Sisyphusarbeit. Glück ist daher gar nicht »drin«.

Aus heutiger Sicht kann man FREUD ein wenig den Wind aus den Segeln nehmen, obwohl er natürlich grundsätzlich Recht hat. Wir existieren nicht, um glücklich zu sein. Verantwortlich für das »tendenzielle Unglück unserer Existenz« ist unsere seelische Beschaffenheit, von der jeder Mensch auf Erden betroffen ist. Unsere Psyche ist *bipolar* aufgebaut, wie STAVROS MENTZOS sagt (2009, 280). Das heißt, innere Gegensätzlichkeiten und Widersprüche bestimmen unser Dasein und begleiten uns durch das ganze Leben. Dahinter steckt die Evolution: Weil unsere seelische Grundausstattung im Laufe des Evolutionsprozesses für Anpassung, Erneuerung und Fortschritt gesorgt hat, wurde sie selektiert. Daraus folgt: Die Ziele unserer Existenz sind *Fortpflanzung* und *Überleben*. Ein bisschen Wohlfühl-Glück hier und da ist sozusagen ein Sahnestückchen, das es *on top* gibt. Glücksmomente sollen uns aber streng genommen dazu motivieren, die eben erwähnten Ziele zu erreichen. Was nach dieser naturwissenschaftlich-ernüchternden Bestandsaufnahme unter dem Strich bleibt – in Hinsicht auf ein glückliches Leben –, ist dennoch einiges. Wer tendenziell glücklich sein will, muss sich alltäglich einerseits durch Achtsamkeit von innerpsychischen Blockaden befreien. Andererseits sind auch Aktivität und Überwindung notwendig, um die Glückshormone sprudeln zu lassen.

Sich seiner eigenen Mitverantwortlichkeit an den inneren Glücksbremsen bewusst werden

Leider kommt man alleine durch Reflexion nicht an die Ursachen der Altlasten (Glücksbremsen) heran, weil sie in einer überwiegend »bewusst- und sprachlosen« Zeit entstanden, d.h. in den ersten Lebensjahren. In dieser Zeitspanne haben wir vollends gelernt, uns an unsere Umwelt anzupassen. Die Auswirkungen der Kindheit sind nicht zu unterschätzen. Denken Sie immer daran: Das soziale Umfeld gibt vor, wie sich die Neuronen in unserem Gehirn miteinander zu »Pfaden« verbinden. Schon sehr früh reifen unsere ganz persönlichen Wirklichkeitskonstruktionen über uns selbst und unsere Umwelt heran. Unser Selbstbild, wie wir mit Stress umgehen, wie wir Beziehungen führen, was wir von anderen halten, welche Vorurteile wir haben – das alles geht überwiegend auf das Konto *unserer* bewussten und unbewussten Konstruktionen, die sich während unserer Entwicklungsgeschichte von selbst und ohne kritische Prüfung durch unser »bewusstes Ich« gestaltet haben. Für unsere »subjektive Brille«, die viele kindliche Strukturen enthält, sind wir streng genommen nicht verantwortlich. Aber nur wir allein können uns mit ihr auseinandersetzen und sie kritisieren. Wenn wir es nicht tun, bleiben wir in unserer kleinen Welt, die wir aus biografischen Gründen so und nicht anders eingerichtet haben, gefangen. Viel Glück geht dadurch verloren.

Ein Beispiel: Manche nicht beneidenswerte Kinder erleben häufig, dass sich ihre Eltern streiten, manchmal in sehr extremer Weise. Anschreien, Ohrfeigen, Tränen – alles dabei. Wegen der hohen Konflikthäufigkeit kann sich aufseiten des Heranwachsenden leicht ein nachteiliges mentales Beziehungs-Schema entwickeln, sprich: »neuronal bahnen«. Ein solches Schema würde im späteren Leben einmal eine sehr große Rolle spielen. Was würde Jahrzehnte später wahrscheinlich passieren? – Hiervon Betroffene suchen und finden meistens Partner, mit denen es ähnlich hoch hergeht wie bei den Bezugspersonen der Fall. Und dies ist kein Zufall. Das Gehirn, das dazu neigt, »Bekanntes« zu wiederholen, »weiß« ja nur um diese Beziehungsqualität. Alles andere ist unbekannt, ungewohnt. Daraus folgt: Harmlose Charaktere auf dem Partnermarkt, die es etwa auch noch gut mit einem meinen würden, werden von Betreffenden links liegen gelassen. Normalos passen, weil die (negativen) Erwartungen enttäuscht würden, nicht ins Schema.

Achtsamkeit ist eine Voraussetzung für ein zufriedenes Leben

Die »subjektive Brille« ist *auch* verantwortlich für alle anderen innerpsychischen Glücksbremsen, die im Umgang mit sich selbst und anderen zum Tragen kommen. Wer in solchen Fällen nicht wahrnimmt, dass lediglich bekannte Strukturen »von früher« reinszeniert werden, der bleibt seinen Teufelskreisen/Glücksbremsen ausgeliefert, gewöhnlich bis zum Tod. Es ist nicht zu bestreiten, dass wir selbst die größte Glücksbremse sind und im Hier und Jetzt in unserem selbst erschaffenen »Gefängnis der Vergangenheit« (SIEGEL) wohnen. Durch Achtsamkeit kommen wir näher und näher an die Schlüssel zur Freiheit heran. Auch die Fakten, dass wir (a) alltäglich auf »Autopilot« geschaltet sind, (b) Fehler bei der Personenwahrnehmung machen und (c) mit Abwehrmechanismen uns selbst und anderen auf die Nerven gehen, müssen im Hinterkopf behalten werden. Aufmerksamkeit ist in Zukunft das A und O. Wir dürfen ruhig schrittweise »runde Persönlichkeiten« werden. Denn Probleme, die wir erleben, entstehen ja nur, weil wir unsere unbewussten Ich-Anteile übersehen. Genauer gesagt: Nur wegen der *Spaltung* zwischen bewussten und unbewussten Ich-Inhalten kommt es überhaupt zu Abwehrmechanismen, Vorurteilen und Selbsttäuschungen, die viel eigenes und fremdes Leid verursachen.

Es kann aber sicherlich nicht sein, dass unser emotionales Gedächtnis, d. h. unser Unbewusstes, den Lebensradius vorgibt. Wir lassen so zu, dass infantile Maßstäbe in unserem Alltag das

Maß aller Dinge sind. Wer erkennt, dass das meiste Unglück hausgemacht ist, stößt das Tor zum Glück ganz weit auf. Die Lösung der meistens Übel besteht darin, einzusehen, dass der eigene Anteil an den kleinen und großen Unstimmigkeiten im Alltag nicht zu unterschätzen ist. Daraus folgt,

... dass etwa übertriebe Schüchternheit nicht alleine durch die *äußerlichen* Umstände verursacht wird, sondern durch *eigene* negative Erfahrungen und unvorteilhafte Erwartungen;
... dass z. B. Partnerschaftsprobleme nicht nur auf das Konto des *Anderen* gehen, sondern zu circa 50 Prozent durch *meine eigenen* Kommunikations- und Bindungsmuster entstehen;
... dass etwa Antipathie bzw. Vorurteile gegenüber einer bestimmten Person in meinem Umfeld meistens mehr über *mich* aussagen als über den *Anderen*.

Wer das einsieht und sich alltäglich daran erinnert, wird ein Stück weit freier und kann darüber hinaus aktiv an der eigenen Persönlichkeitsentwicklung arbeiten, unbekannte Welten im Alltag erforschen. Völlig neue Sichtweisen und Ansatzpunkte tun sich nämlich auf.

Das Glück provozieren

Es ist außerdem klar geworden, dass es nicht »das Glück« gibt. Es ist nicht definierbar. Für jeden ist Glück etwas anderes. Aber wir haben gesehen, was im Allgemeinen glücklich bzw. unglücklich macht.

Negative Erfahrungen (a) dürfen ab jetzt mit offenen Armen empfangen werden, weil sie uns vor allem wieder zurück auf den Boden der Tatsachen bringen. Durch Grenzerfahrungen wird uns wieder bewusst, dass wir eigentlich in einer Welt leben, in der »die Würfel eisern fallen« (SCHOPENHAUER). Der Zufall kann uns aus heiterem Himmel einen Strich durch die

Rechnung machen, gerade dann, wenn wir es am wenigsten erwarten. Hieraus folgt, dass man an einer entsprechend philosophischen Haltung dem Leben gegenüber arbeiten darf. Sie könnte lauten: Schätze die guten und die schlechten Zeiten, sie gehen vorbei!

Glück lässt sich (b) auch durch Interesse realisieren. Mit offenen Augen durch die Welt gehen und sich für Neues begeistern können – das sind Glücksgaranten. Daher sollte man dann und wann dem inneren Schweinehund, der für den Alltagstrott verantwortlich ist, auch mal den Kampf ansagen und ihn überwinden.

Außerdem haben wir gesehen: Durch die Ausübung einer anspruchsvollen Aktivität, die uns nicht über- und unterfordert, kommen wir leicht in den Flow-Zustand (c), bei dem Zeit und Raum verschwinden, und der wahrhaft beglückend wirkt.

Und schließlich wurde klar, dass der Mitmensch ein potenzieller Glücksgarant ist. Hierfür müssen Begegnungen aber authentisch verlaufen und einen empathischen und uneigennützigen Charakter haben.

Good luck!

Seien Sie achtsam und bleiben Sie geistig und körperlich in Bewegung. Dann können Sie sich öfter mal wieder neu erfinden und nebenbei sich selbst und anderen auf die Schliche kommen. Das Ganze – die Glücksbremsensuche und -überwindung – liegt ganz bei Ihnen. Daher sagen auch Josef Rattner und Gerhard Danzer (2006, 13): »Die persönliche Existenz ist ein Abenteuer, das jeder selbst verantworten muss.«

Literatur

André, C. (2007). Unvollkommen, glücklich und frei. Die Kraft des Selbstbewusstseins. Düsseldorf: Patmos.

Bandelow, B. (2004). Das Angstbuch. Woher Ängste kommen und wie man sie bekämpfen kann (2. Aufl.). Reinbek: Rowohlt.

Bandelow, B. (2007). Das Buch für Schüchterne. Wege aus der Selbstblockade. Reinbek: Rowohlt.

Bauer, J. (2007a). Warum ich fühle, was du fühlst (6. Aufl.). München: Heyne.

Bauer, J. (2007b). Prinzip Menschlichkeit. Warum wir von Natur aus kooperieren (3. Aufl.). Hamburg: Hoffmann & Campe.

Berne, E. (1964/2005). Spiele der Erwachsenen. Psychologie der menschlichen Beziehungen (5. Aufl.). Reinbek: Rowohlt.

Berns, G. (2006). Satisfaction. Warum nur Neues uns glücklich macht. Frankfurt a.M.: Campus.

Bierhoff, H.-W. (2006). Sozialpsychologie. Ein Lehrbuch (6. Aufl.). Stuttgart: Kohlhammer.

Binswanger, M. (2006). Die Tretmühlen des Glücks. Freiburg i.Br.: Herder.

Csikszentmihalyi, M. (2001). Lebe gut! Wie Sie das Beste aus Ihrem Leben machen. München. dtv.

Csikszentmihalyi, M. (2007). Die Geheimnisse des Glücks (13. Aufl.). Stuttgart: Klett-Cotta.

Damm, M. (2006). Psychologie der Eifersucht. Ursachen, Formen und Wege aus der Eifersuchtsfalle. Paderborn: Junfermann.

Damm, M. (2007). Frei von Ängsten. Sich neuen Lebensmöglichkeiten öffnen. Freiburg i.Br.: Herder.

DAMM, M. (2009). Nervensägen – und wie man mit ihnen klarkommt. Freiburg i. Br.: Herder.

FÖRSTER, J. (2007). Kleine Einführung in das Schubladendenken. Über Nutzen und Nachteil des Vorurteils. München: DVA.

FRANK, R. (2008). Glück. Lebe deine Stärken. München: Patmos.

FREUD, A. (1936/2003). Das Ich und die Abwehrmechanismen (18. Aufl.). Fischer: Frankfurt a. M.

Internationale Klassifikation psychischer Störungen. ICD-10 Kapitel V (F). Klinisch-diagnostische Leitlinien (5. Aufl.). (2005). Herausgegeben von H. DILLING u. a. Bern: Hans Huber.

JOINES, S.J. & STEWART, I. (2008). Persönlichkeitsstile. Wie frühe Anpassungen uns prägen (Band 1). Paderborn: Junfermann.

KAST, V. (2008). Trotz allem: ICH. Gefühle des Selbstwerts und die Erfahrung von Identität (6. Aufl.). Freiburg i.Br.: Herder.

KLEIN, S. (2004). Die Glücksformel oder Wie die guten Gefühle entstehen (7. Aufl.). Reinbek: Rowohlt.

KLEIN, S. (2008). Zeit. Der Stoff, aus dem das Leben ist (2. Aufl.). Frankfurt a.M.: Fischer.

KLEIN, O.G. (2007). Zeit als Lebenskunst. Berlin: Wagenbach.

KÖNIG, K. (2003). Abwehrmechanismen (3. Aufl.). Göttingen: Vandenhoeck & Ruprecht.

LELORD, F. & André, C. (2005). Der ganz normale Wahnsinn. Vom Umgang mit schwierigen Menschen (3. Aufl.). Leipzig: Kiepenheuer.

LELORD, F. & ANDRÉ, C. (2008). Die Kunst der Selbstachtung (2. Aufl.). Berlin: Aufbau.

Leahy, R.L. (2007). Techniken kognitiver Therapie. Paderborn: Junfermann.

Lyubomirsky, S. (2008). Glücklich sein. Warum Sie es in der Hand haben, zufrieden zu leben. Frankfurt a.M.: Campus.

Mary, M. (2005). Die Glückslüge. Vom Glauben an die Machbarkeit des Lebens. Bergisch-Gladbach: Lübbe.

McKay, M. & Fanning, P. (2007). Selbstachtung. Das Herz einer gesunden Persönlichkeit. Paderborn: Junfermann.

Mentzos, S. (2009). Lehrbuch der Psychodynamik (2. Aufl.). Göttingen: Vandenhoeck & Ruprecht.

Myers, D.G. (2008). Psychologie (2. Aufl.). Berlin: Springer.

Neudeck, P. & Wittchen, H.-U. (Hrsg.). (2005). Konfrontationstherapie bei psychischen Störungen: Theorie und Praxis. Göttingen u.a.: Hogrefe.

Precht, R.D. (2007). Wer bin ich – und wenn ja, wie viele? Eine philosophische Reise (13. Aufl.). München: Goldmann.

Rattner, J. & Danzer, G. (2004). Philosophie für den Alltag. Darmstadt: WBG.

Rattner, J. & Danzer, G. (2006). Selbstverwirklichung. Seelische Hygiene und Sinnsuche im Dasein. Würzburg: Königshausen & Neumann.

Rautenberg, W. & Rogoll, R. (2008). Werde der, der du werden kannst. Persönlichkeitsentwicklung durch Transaktionsanalyse (16. Aufl.). Freiburg i.Br.: Herder.

Renz, M. (2008). Erlösung aus der Prägung. Paderborn: Junfermann.

Roediger, E. (2009). Praxis der Schematherapie. Stuttgart: Schattauer.

Roth, G. (2003). Fühlen, Denken, Handeln. Wie das Gehirn unser Verhalten steuert. Frankfurt a.M.: Suhrkamp.

Roth, G. (2007). Persönlichkeit, Entscheidung und Verhalten. Warum es so schwierig ist, sich und andere zu verstehen. Stuttgart: Klett-Cotta.

Schmid, W. (2007). Glück. Alles, was Sie darüber wissen müssen, und warum es nicht das Wichtigste im Leben ist. Frankfurt a.M. & Leipzig: Insel.

Schneider, W. (2007). Glück! Eine etwas andere Gebrauchsanweisung (2. Aufl.). Reinbek: Rowohlt.

Schopenhauer, A. (1859/1999). Die Welt als Wille und Vorstellung II. In: Werke in 5 Bänden, nach den Ausgaben letzter Hand. Hrsg. Ludger Lütkehaus. Zürich: Haffmanns.

Schreiber, M. (2009). Das Gold in der Seele. Die Lehren vom Glück. München. DVA.

Schütz, A. (2005). Selbstwertgefühl – je mehr, desto besser? Weinheim: Beltz PVU.

Schulz von Thun, F. (2002). Miteinander reden 3. Das »Innere Team« und situationsgerechte Kommunikation. Reinbek: Rowohlt.

Seligman, M. (2000). Erlernte Hilflosigkeit. Weinheim: Beltz.

Seligman, M. (2005). Der Glücks-Faktor. Warum Optimisten länger leben. Bergisch-Gladbach: Bastei Lübbe.

Siegel, D.J. (2006). Wie wir werden, die wir sind. Paderborn: Junfermann.

Sprenger, B. (2009). Im Kern getroffen. Attacken aufs Selbstwertgefühl und wie wir unsere Balance wiederfinden. München: Kösel.

Tepperwein, K. (2009). Glücklich. München: mvg.

von Hirschhausen, E. (2009). Glück kommt selten allein. Reinbek: Rowohlt.

Werth, L. & Mayer, J. (2007). Sozialpsychologie. Heidelberg: Spektrum Akademischer Verlag.

Wilson, T.D. (2007). Gestatten, mein Name ist Ich. Das adaptive Unbewusste – eine psychologische Entdeckungsreise. München & Zürich: Pendo.

Young, J.E., Klosko, J. & Weishaar, M.J. (2005). Schematherapie. Ein praxisorientiertes Handbuch. Paderborn: Junfermann.

Young, J.E. & Klosko, J. (2006). Sein Leben neu erfinden. Wie Sie Lebensfallen meistern. Paderborn: Junfermann.

Dem Leben begegnen

Mihaly Csikszentmihalyi
Flow – der Weg zum Glück
Der Entdecker des Flow-Prinzips erklärt seine Lebensphilosophie
Band 6067
Flow – der geheimnisvolle Zustand des Glücks. Wie erreichen wir ihn im Alltag, im Beruf, in der Familie, in der Liebe? Im Gespräch mit Ingeborg Szöllösi erklärt der weltbekannte Autor, wie Flow entsteht.

Chris Grijns
Relax@work
Band 6153
Feierabend nicht in Sicht? Dann ist es Zeit, sich bei der Arbeit zu entspannen. Das geht – mit kleinen, leicht durchführbaren Übungen der bewährten Achtsamkeitsmethode.

Günter Harnisch
Kraft aus wilden Wurzeln
Zu den tiefen Quellen unserer Vitalität und Lebensfreude
Band 6095
Der Autor zeigt dem Leser, wie er seine wilden Wurzeln wieder entdecken kann und weist Wege, seine Urvitalität frei strömen zu lassen, ohne auf eine primitive Zivilisationsstufe zurückzufallen.

Wolfgang Krüger
Wie man Freunde fürs Leben gewinnt
Vom Glück einer besonderen Beziehung
Band 6085
Ohne Freunde wäre das Leben ärmer. Aber: Freundschaften müssen gepflegt werden. Ein Buch über die Kunst, Freunde zu gewinnen!

Irmtraud Tarr
So zähmen Sie ein Stachelschwein
Vom Umgang mit schwierigen Menschen
Band 6219
Effektiv und elegant: erste Hilfe für den Umgang mit schwierigen Zeitgenossen von der erfahrenen Therapeutin. Tipps für den Umgang mit dominanten Kontrolleuren, mit Opferlämmern und mit denjenigen, die sich für die Allergrößten überhaupt halten.